Verlag an der Ruhr

Impressum

Titel: Literatur-Kartei: **„Mit Jeans in die Steinzeit“**

Autorin: **Uta Hartwig**

Titelbild: Umschlagbild von Marlies Scharff-Kniemeyer
zum dtv-Band **Mit Jeans in die Steinzeit**
von Wolfgang Kuhn,
© 1988 Deutscher Taschenbuch Verlag,
München.
Aus Wolfgang Kuhn,
Mit Jeans in die Steinzeit,
illustriert von Michael Olschowy,
© 1988 Deutscher Taschenbuch Verlag,
München.

Druck: Druckerei Uwe Nolte, Iserlohn

Verlag: **Verlag an der Ruhr**
Postfach 10 22 51
45422 Mülheim an der Ruhr
Alexanderstr. 54
45472 Mülheim an der Ruhr
Tel.: 02 08/439 54 50
Fax: 02 08/439 54 39
E-Mail: info@verlagruhr.de
www.verlagruhr.de

ISBN 3-86072-321-9

Die Schreibweise der Texte folgt der reformierten Rechtschreibung.

Das Jugendbuch „Mit Jeans in die Steinzeit“ von Wolfgang Kuhn ist erstmals 1988 erschienen. Die Seiten- und Zeilenangaben in dieser Kartei beziehen sich auf den dtv junior-Band 70144 (ab der 15. Auflage im Oktober 1997). Die Rechte liegen beim Deutschen Taschenbuch Verlag, München.

Inhalt

Vorwort

Zeitungen und populärwissenschaftliche Zeitschriften berichten immer wieder von neuen Funden aus der Frühgeschichte des Menschen. Die Geschichte des Menschen ist für Kinder und Jugendliche stets auch mit Klischees über affenähnliche Wesen oder primitive Behausungen verbunden. Wissenschaftlich fundierte Erkenntnisse vermischen sich häufig mit gruseligen Fantasievorstellungen.
Diese Literatur-Kartei zu Wolfgang Kuhns Jugendbuch setzt genau hier an.

Das Buch

Die Lektüre „Mit Jeans in die Steinzeit" bietet den SchülerInnen vielfältige Anhaltspunkte, die frühgeschichtliche Entwicklung des Menschen auf anregende Weise kennen zu lernen und Vorurteile aus dem Weg zu räumen. Gemeinsam mit Isabelle, Regis, Suzanne und Philippe erleben die Kinder eine – an einen authentischen Fall angelehnte – Abenteuergeschichte über die spannende Erforschung einer Steinzeithöhle in Südfrankreich. Dabei stellt Wolfgang Kuhn auf altersgemäße Weise die vielfältigen kulturellen Errungenschaften unserer Vorfahren, der Cromagnonmenschen, von der Steinwerkzeugherstellung bis hin zu den Begräbnisritualen dar.
Auf ansprechende und leicht zugängliche Weise werden auch wissenschaftsorientierte Fragestellungen und Probleme, z.B. bei der Interpretation von Fundstücken, einbezogen. Den SchülerInnen wird so ein problemorientiertes Bild von der Frühgeschichte geliefert und nicht, wie in vielen anderen Jugendbüchern zu diesem Thema, eine fertige Geschichte aus der Geschichte, in der die Annahmen über die Lebensformen unserer Vorfahren als unumstößliche Fakten dargestellt werden. Über einen stilistischen Kunstgriff – das nachträglich eindeutig als Traumreise identifizierbare Urzeit-Abenteuer Isabelles (Kapitel 13) – lässt Wolfgang Kuhn die Cromagnonmenschen mit ihren spezifischen Verhaltensweisen sogar „lebendig" werden. Die Erlebnisse Isabelles werden später durch einen Archäologen verifiziert.

Die Kartei

Das vorliegende Material greift den problemorientierten Ansatz des Jugendbuches auf, um ihn didaktisch umzusetzen und zu vertiefen. Die Kartei dient als Ideensammlung für die Arbeit in der Schule und soll unter Berücksichtigung unterschiedlicher Unterrichtsstile der Lehrerin oder des Lehrers konkrete Hilfestellungen geben. Alle bekannten Schülerfragen zu den verschiedenen Aspekten der Lektüre wurden berücksichtigt und können je nach Interessenslage der Lerngruppe flexibel eingesetzt werden. Dabei steht ein lebendiger und handlungsorientierter Unterricht im Vordergrund, der sich erfahrungsgemäß positiv auf die Lesemotivation unserer SchülerInnen auswirkt. Daher sind die Arbeitsblätter auf die Lektüre genau abgestimmt und ermöglichen so die vertiefende Betrachtung einzelner Sachinhalte. Die Arbeitsblätter leiten zum selbstständigen Arbeiten an und können im Rahmen von Tages-, Wochen- und Freiarbeitsplänen sowie bei Stationsarbeiten eingesetzt werden.
Anhand dieser Literatur-Kartei lassen sich ferner die fächerübergreifenden Anforderungen der Lehrpläne verwirklichen.
Die beteiligten Lehrkräfte aus den Fachbereichen Deutsch, Geschichte, Erdkunde, Biologie, Kunst, Technisches Werken, Musik und Hauswirtschaft brauchen sich lediglich über die Verteilung der Inhalte und den Zeitrahmen abzusprechen – eine aufwendige Recherche nach anregenden und passenden Materialien für den Einzelnen entfällt. Einige weiterführende Ideen sind zusätzlich im Kapitel „Tipps und Hinweise ..." aufgelistet.
Für den Deutschunterricht werden verschiedene freie Textarbeiten angeboten, die sich aus der Lektüre ergeben.
In einem geöffneten Unterricht lassen sich selbstverständlich die vielfältigen Übungsformen ausschöpfen, indem den SchülerInnen die Wahl einer Textarbeit selbst überlassen wird. Mit Begeisterung und einer für mich vorher unbekannten Sorgfalt arbeiteten die SchülerInnen an ihrem „Steinzeitheft", das in ihren Regalen zu Hause einen festen Platz gefunden hat.

Die Symbole

Diese Blätter bieten Tipps und Hinweise zu den einzelnen Arbeitsblättern. Hier finden Sie didaktische und inhaltliche Erläuterungen, weiterführende Ideen und Anmerkungen.

Blätter mit diesem Zeichen gehören zur grundlegenden Einheit „Sicherung des Textverständnisses". Fragen zu den einzelnen Kapiteln gibt es hier ebenso wie Fremdwörterkarten zum Ausschneiden.

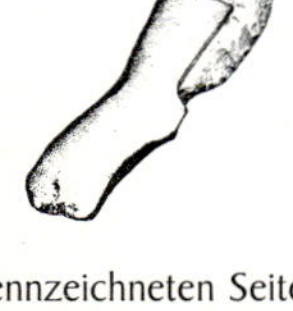

Die so gekennzeichneten Seiten sind Arbeitsblätter. Sie sind chronologisch textbegleitend geordnet, können jedoch auch Ihrem persönlichen Zeitplan entsprechend eingesetzt werden.

Bei einer konkreten Aufgabenstellung für die SchülerInnen finden Sie dieses Zeichen.

Tipps und Hinweise

siehe auch die Literaturhinweise auf Seite 79

zu den Seiten 13–22

Sicherung des Textverständnisses

Fragen zur Lektüre

Seite 13

Diese Fragen zur Lesekontrolle können nach jedem einzelnen Kapitel eingeschoben werden. Bei einigen Fragen bekommen die SchülerInnen schon hier die Möglichkeit, eigene Vorstellungen und Vermutungen zu äußern. Die Seiten werden einzeln oder mit einem Partner bearbeitet (Wochenplan/Hausaufgaben).

Fremdwörter

Seite 16

Die Aussprache der Wörter sollten Sie mit den SchülerInnen gemeinsam üben. Vertiefend kann an dieser Stelle auf die in Wörterbüchern übliche Lautschrift eingegangen werden.
Die Blankokarte, die Sie mehrmals kopieren können, gibt den SchülerInnen die Möglichkeit, weitere unklare Begriffe zu ergänzen.

Fragekarten zu den Kapiteln 1–4 und 5–7

Seite 18 und Seite 19

Diese Fragekarten lassen sich vielfältig einsetzen. Einen Spielplan sowie weitere Fragekarten (mit der Blankokarte) können die SchülerInnen leicht selbst herstellen. Als Vorlage für den Plan kann z.B. der Höhlengrundriss von Seite 77 dieser Mappe dienen.

Weitere Arbeitsblätter

Das Steinzeitheft

Seite 20

Mit dem Steinzeitheft erstellen die SchülerInnen ein eigenes Produkt. Die Gestaltung eines solchen Heftes macht den SchülerInnen im Allgemeinen sehr viel Spaß. Statt eines DIN A4-Heftes ist auch eine Mappe, in die sich Arbeitsblätter und selbst gestaltete Blätter leicht einfügen lassen, denkbar. Diese kann dann zum Schluss noch gebunden werden.

Heft oder Mappe können an späterer Stelle (siehe „Ein Umschlag für das Steinzeitheft") eingeschlagen und mit Höhlenmalerei geschmückt werden. Das Steinzeitheft sollte durch Inhaltsangaben zu den einzelnen Kapiteln strukturiert sein und als zusätzliche Lesekontrolle dienen.

Der Autor - eine Rollenbiographie

Seite 21

Im ersten Kapitel der Lektüre tritt eine Person auf, die dem Autor sehr ähnlich ist. Die SchülerInnen können sich überlegen, um welche Person es sich handelt. Wie wird diese Person beschrieben? Name und Beruf des Mannes sind auf S. 226, Z. 8–10 zu finden.
Die SchülerInnen lernen den Autor durch dieses fiktive Rollenspiel genauer kennen. Der Vergleich mit „Dr. Antony" kann in ein Gespräch über Begriffe wie Wirklichkeit/Fiktion oder Alter ego münden.

Ein Brief von Suzanne

Seite 22

Der Brief soll Isabelles Spannung unterstreichen, die durch die Andeutungen der Cousine heraufbeschworen wird. Übung der Groß- und Kleinschreibung in Briefen.

Tipps und Hinweise zu den Seiten 23–30

siehe auch die Literaturhinweise auf Seite 79

Isabelles Reiseweg durch Frankreich

Seite 23

Diese Aufgabe ermöglicht eine Orientierung auf der Karte Frankreichs und Nordspaniens anhand von Orten, die in der Lektüre vorkommen. Genannt werden: Paris/Bordeaux (S. 9), Les Eyzies (S. 13 und 18) und die Höhle von Lascaux (S. 49). Die drei wichtigen Höhlen sind in vielen Schulatlanten bereits eingezeichnet. Erwähnen Sie jedoch auch, dass es in ganz Frankreich und Spanien mehr als 270 Bilderhöhlen gibt. Eine Schülergruppe kann die Karte vergrößert und ausgemalt auf einem Plakat darstellen. Mit einer detaillierten Karte des Gebietes an der Vézère können die SchülerInnen Vermutungen darüber anstellen, in welchem Dorf Isabelle den Zug verlässt.

Bau eines Abris I und II

Seite 24 und Seite 25

In der Lektüre wird auf den Seiten 12 und 96 auf die Nischen als Wohnstätte der Steinzeitmenschen hingewiesen. Zu ergänzen ist, dass die Menschen schon damals oft in Freilandbehausungen auf weiten Ebenen lebten, die uns jedoch natürlicherweise nicht erhalten sind. Das in Kleister eingeweichte Papier (bei I) darf nicht zu schwer werden, da sich sonst der Maschendraht darunter verformt. Der Bau dieses Abris ist aufwendiger und dauert länger als „Bau eines Abris II".

Tiere der Eiszeit

Seite 26

Ein Arbeitsbogen zum Zerschneiden und Ausmalen. Weitere Tiere können von Ihnen hinzugefügt werden. Besonders das Mammut fesselt in der Regel das Interesse der SchülerInnen. (Siehe zur Vertiefung auch die Arbeitsblätter „Das Mammut" und „Der Höhlenbär".) Wichtig ist der Hinweis, dass das in der Lektüre mit „Bison" angegebene Tier korrekter als „Steppenwisent" bezeichnet werden sollte.

Die Personen in der Lektüre

Seite 27

In den ersten vier Kapiteln treten eine Reihe von Personen auf. An dieser Stelle soll eine erste Klärung hinsichtlich der Hauptfiguren gegeben werden.

Isabelles Familienstammbaum

Seite 28

Viele der in den ersten drei Kapiteln erwähnten Personen lassen sich in diese Übersicht eintragen. Isabelles Geschwister werden namentlich nicht genannt.
Ein Bezug zu den Grafiken auf den Seiten „Der Stammbaum des Menschen" sollte an dieser Stelle hergestellt werden.

Der Stammbaum des Menschen – Informationen I und II

Seite 29 und Seite 30

Der recht anspruchsvolle Text wird vor allem durch die untere Grafik illustriert. Auf die schriftliche und grafische Darlegung eines einzigen Stammbaumes wurde hier mit Absicht verzichtet: Vielmehr soll den SchülerInnen auch die Interpretationsarbeit der Wissenschaftler vor Augen geführt werden.

Tipps und Hinweise zu den Seiten 31–37

siehe auch die Literaturhinweise auf Seite 79

Der Stammbaum des Menschen – Zeitleiste

Seite 31

Die Zeitleiste auf diesem Blatt stellt die fossilen Zeugnisse für den Werdegang der Menschenfamilie neutral nebeneinander. Durch die Schatten wird die uns bekannte Lebensdauer der jeweiligen Art angedeutet. Da auf Verbindungslinien zwischen den Arten verzichtet wurde, ist das Risiko von Fehlinterpretationen minimiert.

Die Ausbreitung des Menschen – Karte

Seite 33

Die Karte bestätigt die „Out of Africa"-These. Während alle Australopithecinen-Funde aus Afrika stammen, schickte sich erst die Gattung Homo an, die Welt zu entdecken.

Die SchülerInnen können versuchen, die Ausbreitung des Menschen anhand der Karte mit eigenen Worten zu beschreiben.

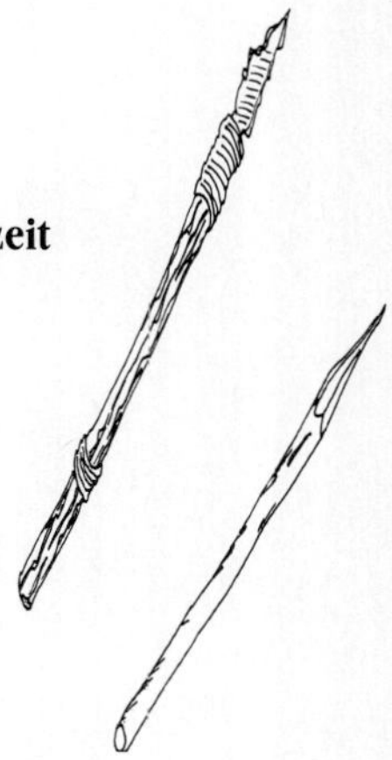

Jagdgeräte der Steinzeit

Seite 35

Speer und Harpune

Seite 36

Steinzeitwerkzeug

Seite 38

Bei diesen Geräten, Waffen und Werkzeugen wird insbesondere auf die genannten Fundstücke aus der Lektüre eingegangen. Sie sind aus einfachen Materialien nachzuformen.

Die Unterscheidung von Entwicklungsstufen bei den Waffen und Geräten auf diesen Seiten kann auch zu einer differenzierten Vorstellung des Begriffs „Steinzeit" führen.

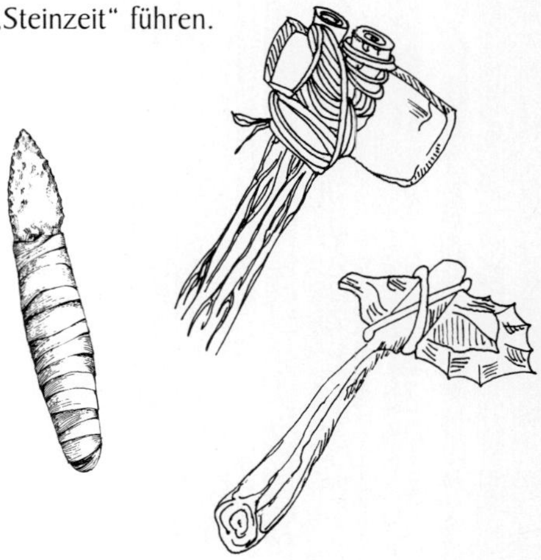

Die Entwicklung des Menschen – Tabelle

Seite 32

Die SchülerInnen werden hier zu einer möglichst genauen Unterscheidung der Entwicklungsstufen angeleitet. Fehlende Informationen können diversen Sachbüchern entnommen und/oder in der Großgruppe besprochen werden.

Eine wirkliche Kultur ist seit dem Zeitalter der Cromagnonmenschen nachweisbar. Der Neandertaler wurde hier nicht berücksichtigt, da es sich nicht um einen Vorfahren des modernen Menschen handelt.

Blick aus dem Fenster

Seite 34

Die entsprechende Textstelle sollte vor der Bearbeitung des Arbeitsbogens nochmals genau gelesen werden. Die Hilfswörter dienen der Arbeitserleichterung für lernschwächere SchülerInnen. Sie können bei Bedarf überklebt werden. Das Bild soll das Verständnis der SchülerInnen für den Text prüfen (vgl. AB „Blick durch den Abri"). Auch der Eingriff des Menschen in die Natur lässt sich anhand dieser Arbeitsblätter illustrieren.

Steinzeitjagdwaffen – Lückentext

Seite 37

Für leistungsstarke SchülerInnen können die Lückenwörter vor dem Kopieren abgedeckt werden. Das AB ist auch als Lernkontrolle einsetzbar.

Tipps und Hinweise zu den Seiten 39–49

siehe auch die Literaturhinweise auf Seite 79

Die Werkzeugherstellung

Seite 39

Eine Übung zur Vorgangsbeschreibung, die auch die Entwicklungsstufe zwischen Neandertaler und Cromagnonmensch illustriert.

Die Entdeckung der Höhle Altamira

Seite 40

Der Bericht kann den SchülerInnen auch bei der Erstellung ihres eigenen Textes (siehe AB „Mein Zeitungsbericht") helfen.

Vier Jungen und ein Hund

Seite 41

Die fiktive Erzählung von Wolfgang Kuhn könnte auf der Entdeckungsgeschichte der Höhle von Lascaux basieren. Für die SchülerInnen ist es interessant zu erfahren, wie es möglicherweise wirklich war.

Kannibalen der Vorzeit?

Seite 42

Das Thema finden auch unsere SchülerInnen schön gruselig. Dennoch sollten in erster Linie die erstaunlichen Fähigkeiten der Steinzeitmenschen hervorgehoben werden – barbarische Monster waren sie sicher nicht!

Die Fledermaus

Seite 43

Eine fächerübergreifende Planung mit dem Fach Biologie ist hier möglich.

Der Höhlenbär

Seite 44

Themendifferenzierte Arbeit soll mit diesem und dem AB „Das Mammut" ermöglicht werden.

Wie schreibe ich eine Nacherzählung?

Seite 45

Die Regeln der Nacherzählung werden hier genannt. Eine weitere schriftliche Textarbeit kann sich auf die Textstelle S. 112, Z. 32 bis S. 115, Z. 13 beziehen.

Eine Postkarte aus den Ferien

Seite 46

Die SchülerInnen schreiben auf dieser Karte eine Zusammenfassung des bisher Gelesenen. Als Adresse bietet sich z.B. an: Name (französischer Klang); Hausnummer, Boulevard .../ Rue ...; ... Paris

In einer Tropfsteinhöhle

Seite 47

Die beiden recht schwierigen Begriffe „Stalaktiten" und „Stalagmiten" erfahren hier eine besondere Hervorhebung. Sie werden im Folgenden wiederholt genannt und sollten von den SchülerInnen sicher verstanden werden.

Symbole in Steinzeithöhlen

Seite 48

Mit geheimnisvollen Symbolen beschäftigen sich viele SchülerInnen besonders gerne. Sie können auch eigene geheime (Steinzeit-) Zeichen erfinden!

Das Mammut

Seite 49

Mit Hilfe der Zeichnung und der Information fertigen die SchülerInnen eine möglichst sachliche und genaue Tierbeschreibung an. Gleichzeitig wird illustriert, wie wenig verschwenderisch die Urmenschen mit ihren Ressourcen umgegangen sind.

Tipps und Hinweise zu den Seiten 50–59

siehe auch die Literaturhinweise auf Seite 79

Die Techniken der Höhlenmaler

Seite 50

Über die unterschiedlichen Interpretationen der Höhlenbilder können Sie mit den SchülerInnen interessante Gespräche führen. Wichtig ist der Hinweis auf unser beschränktes Wissen auf diesem Gebiet.

Farben der Steinzeitmenschen

Seite 51

Die Herstellung von Naturfarben ist eine sehr interessante Einheit für die SchülerInnen. Die selbst hergestellten Farben können für die ABs „Die Steinzeitwand" und „Ein Umschlag für das Steinzeitheft" eingesetzt werden.

Höhlenmalerei: Tiere der Eiszeit

Seite 52

Für das Tier rechts unten sollten Sie erneut den korrekten Begriff „Steppenwisent" (statt: „Bison") einführen.
Das „Wollnashorn" heißt eigentlich „Wollhaarnashorn". Das Übereinandermalen von verschiedenen Motiven ist für viele SchülerInnen eine ungewohnte kreative Erfahrung.

Die Steinzeitwand

Seite 53

Ein Gemeinschaftsprodukt der Klasse oder einzelner Gruppen. Eine solche „Steinzeitwand" bringt eine steinzeitliche Atmosphäre in den Klassenraum.
Selbstverständlich kann auch mit Fingerfarben gearbeitet werden.
Die Betonung sollte hier im Unterschied zu vorhergehenden Steinzeitzeichnungen eher auf der Darstellung von Beschwörungs- oder Jagdszenen liegen. Die Ergebnisse sehen oft überzeugend echt aus.

Ein Umschlag für das Steinzeitheft

Seite 54

Dieses AB ist eine Alternative zum AB „Die Steinzeitwand". Das Steinzeitheft erhält durch die ansprechendere Gestaltung eine größere Bedeutung für die SchülerInnen.

Was ist denn das?

Seite 55

Die SchülerInnen erfahren die Probleme, mit denen sich Wissenschaftler bei der Interpretation von Höhlenbildern auseinander setzen müssen.

Öllеuchten der Steinzeitmenschen

Seite 56

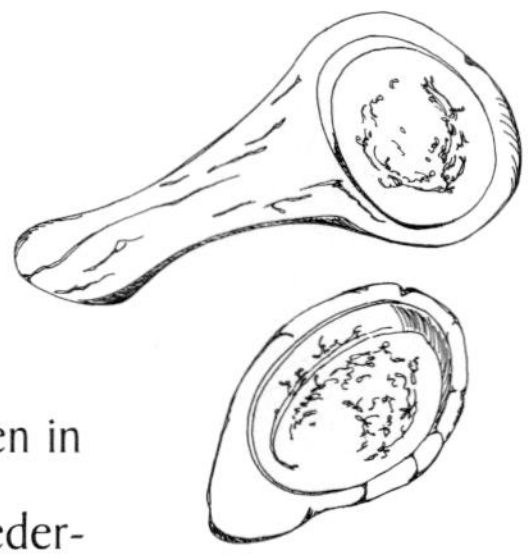

Diese „Kerzen" der Cromagnonmenschen finden in der Lektüre wiederholt Erwähnung. Mit einem Docht und etwas Kerzenwachs ist eine entsprechende Kerze leicht selbst hergestellt.

Die Steinzeitjagd

Seite 57

Die SchülerInnen fertigen eine freie Textarbeit an. Hier geht es unter anderem um die Erzählperspektive des Ich-Erzählers.

Verunglückte Höhlenforscher

Seite 58

Regis macht sich auf S. 103/104 Gedanken über mögliche Folgen ihres Abenteuers. Er verweist auf einen Zeitungsbericht über verunglückte Höhlenforscher.
Im Juli 1996 geschah in Frankreich ein ähnliches Unglück. Die Originaltexte der Zeitungsberichte hierüber sind auf diesem AB abgedruckt.

Mein Zeitungsbericht

Seite 59

In dem Zeitungsbericht wird nicht nur auf den „Entdeckerruhm", den sich die Kinder erhofft haben, sondern auch auf die Gefahren ihres Unternehmens eingegangen. Die SchülerInnen können bei Platzmangel im Steinzeitheft weiterschreiben.

Tipps und Hinweise

siehe auch die Literaturhinweise auf Seite 79 **zu den Seiten 60–67**

Die wörtliche Rede

Seite 60

Insbesondere die Zeichensetzung bei der wörtlichen Rede wird an diesem Beispiel wiederholt. Der Lektüretext von S. 108–122 dient als Grundlage und Hilfe.

Zu beachten ist jedoch zweierlei:

Im Buch wird nicht zwischen Anführungszeichen oben und unten unterschieden; außerdem findet dort die neue Rechtschreibung noch keine Beachtung.

(So muss nach § 89–93 der „Amtlichen Regelung der deutschen Rechtschreibung“ aus *„Kinder, ich hab's!“ rief Suzanne* jetzt *„Kinder, ich hab's!“, rief Suzanne* werden. Ein zusätzliches Komma verlangen ebenso der zweite und der letzte Beispielsatz.)

Die letzte Aufgabe soll die wörtliche Rede als nur eine von mehreren Erzähltechniken begreiflich machen. Hier bieten sich vielfache Vertiefungsmöglichkeiten. Am Lektüretext können die SchülerInnen die Wirkung von wörtlicher Rede, erlebter Rede und auktorialem Erzählen untersuchen.

Die Umschlagseite

Seite 61

Hier müssen Sie vielleicht den SchülerInnen Mut machen, auch professionelle Vorgaben anzuzweifeln.

Fußabdrücke

Seite 62

Die SchülerInnen können hier kreativ gestalten und auch „wissenschaftlich“ interpretieren.

Das Aussehen des Cromagnonmenschen

Seite 63

Die Vorurteile gegenüber unseren Vorfahren lassen sich mit diesem Blatt noch einmal thematisieren.

Legen Sie Wert auf die Tatsache, dass die Cromagnonmenschen – wie wir – zu den „modernen Menschen“ gerechnet werden.

Sprache und Musik der Steinzeitmenschen

Seite 64

Die beiden letzten Aufgaben können im Musikunterricht ausführlich behandelt werden. Weiterführend ließe sich z.B. die Frage behandeln, welche Bedeutung Musik und Tanz für Jugendliche heute haben können.

Steinzeitskizzen: Informationen

Seite 65

Als Basis für die folgende Seite.

Der Fund in der Höhle El Castillo lässt zwei Schlüsse zu: Entweder die Datierung einer der beiden Gravierungen ist falsch oder der spezielle Stil überdauerte mehrere Epochen.

Meine Steinzeitskizze

Seite 66

Alternativ kann auch auf eine echte Schieferplatte geritzt werden.

Beim Übertragen der Skizze auf ein größeres Blatt Papier können die Gestaltungsmöglichkeiten und -grenzen der unterschiedlichen Materialien aufgezeigt werden.

Blick durch den Abri

Seite 67

Siehe Anmerkungen zum AB „Blick aus dem Fenster“.

Der betreffende Textabschnitt ist im Buch nur vier Zeilen lang, kann also auch an die Tafel geschrieben werden.

Tipps und Hinweise zu den Seiten 68–77

siehe auch die Literaturhinweise auf Seite 79

Die Erfindung des Feuers

Seite 68

Die Besorgung von geeignetem Material ist hier entscheidend. Feuersteine können Sie bei einigen Museen anfordern (für A), für B und C benötigen Sie unbedingt weiches Holz. Selbst wenn nur Funken oder schwarzes Holz entstehen – die Wertschätzung für das Geschick der Steinzeitmenschen wird umso größer sein!

Steinzeitrezepte von Susanna Schwark

Seite 69

Hier wird u.a. deutlich, dass die Steinzeitmenschen noch kein Brot kannten. Jedenfalls ernährten sie sich wohl gesünder als die meisten Menschen heute.

Steinzeitcomic

Seite 71

Da das Kapitel „Isabelles Urzeit-Abenteuer“ recht lang ist, dient diese Aufgabe der Strukturierung ihrer Erlebnisse.

Skelettfunde

Seite 72

Hier können sich die SchülerInnen wieder als „Wissenschaftler“ betätigen. Die erste Frage kann zu den Blättern „Steinzeitrezepte“ überleiten.

Bestattungsrituale

Seite 73

Möglichkeiten zur Erweiterung: Habt ihr auch schon einmal über solche Fragen (Woher kommen wir? Wohin gehen wir?) nachgedacht? Aus welchem Anlass?

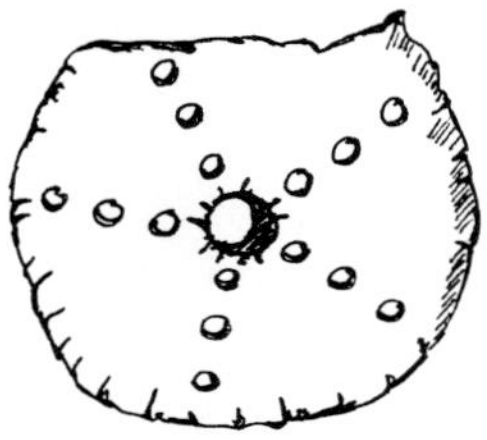

Steinzeitschmuck

Seite 74

Ein nicht nur für die SchülerInnen interessantes Thema!

Steinzeitschmuck selbstgemacht

Seite 75

Fimo erhält man im Bastelbedarf.

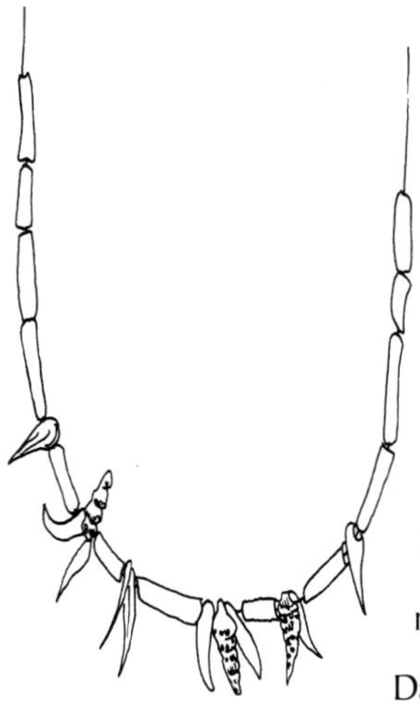

Obwohl nicht ganz billig, ist es besonders geeignet für diese Aufgabe. Die Herstellung der Schmuckstücke ist für alle SchülerInnen besonders motivierend. Das Lederband kann eventuell mit einem Feuersteinmesser geschnitten werden, um dem geschichtlichen Hintergrund möglichst nahe zu kommen. (Sie sollten darauf hinweisen, dass es sich um die ersten Schmuckstücke der Menschheit handelt.)

Die Arbeit der Wissenschaftler

Seite 76

Dieses Thema findet großes Interesse bei den SchülerInnen. Hier lohnt es sich, die Internetadresse zur C14-Methode einmal zu besuchen (siehe „Literatur- und Medienverzeichnis“ am Ende der Mappe).

Das Höhlenlabyrinth

***Seite** 77*

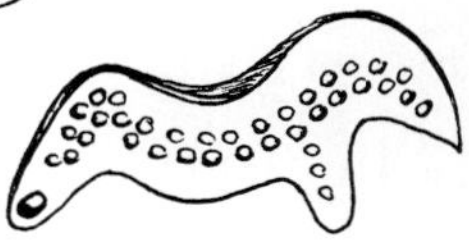

Durch diese Skizze sollen die SchülerInnen sich in der Höhle orientieren können. Sie sollten sich mit den SchülerInnen darüber einigen, wie mit der Textstelle von S. 172–202 (mit Isabelles Traum) umgegangen wird. Fließen auch diese Ortsangaben (u.a. der Abri) mit ein?

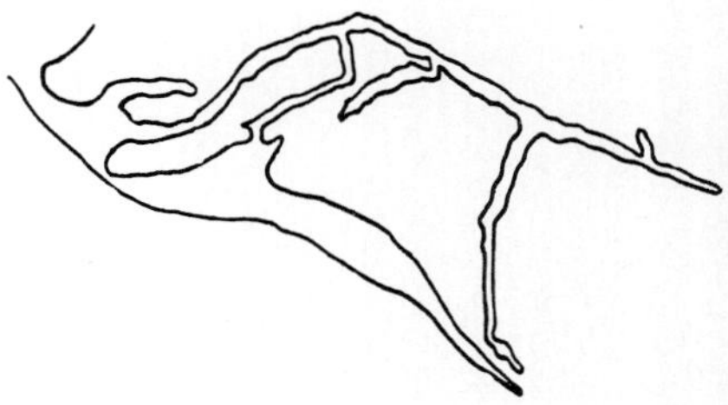

Der *Steinzeitplan*

Der Wochenplan

für die Zeit vom ________ bis ________ Name: ____________________

Thema	erledigt	Selbstkontrolle	LehrerInkontrolle

Fragen zur Lektüre I

Überraschung auf dem Bahnhof

Was hat Isabelle in diesem Jahr in den Sommerferien vor?
Worauf ist sie schon ganz neugierig?
Stelle eine Vermutung an, um was es sich dabei handeln könnte. Welche Überraschung erwartet sie auf dem Bahnhof?

Eine aufregende Enthüllung

Was „enthüllt" Philippe?
Aus welchem Grund dürfen die Erwachsenen nichts von der Entdeckung erfahren?
Wie könnten die Erwachsenen wohl auf die Pläne der Jugendlichen reagieren?

Wie ein Zwilling entsteht

Wie werden Suzanne und Isabelle zu Zwillingen?
Wovon ist Isabelle fasziniert?
Stelle Vermutungen darüber an, welche Rolle der „Notausgang" vielleicht einmal spielen könnte. Überlege dir eine spannende Geschichte und schreibe sie auf.

Monsieur Oscar sieht doppelt!

Welche zwei „Proben" bestehen die Zwillinge am Anfang und am Ende des Kapitels?
Woraus besteht Suzannes „Schatz"?

Zeichnung: Michael Olschowy © Deutscher Taschenbuch Verlag, München

Das Abenteuer beginnt

Was für einen spitzen Gegenstand findet Isabelle und was schließt Philippe aus ihrem Fund?
Wieso ist es falsch und vereinfacht, die Eiszeitmenschen als „Kannibalen" zu bezeichnen?
Suzanne macht eine Entdeckung. Was versetzt die Kinder dabei in große Erregung?
Überlege, warum Philippe erneut auf einen Schwur, niemandem etwas zu erzählen, besteht.

Eine wirklich große Höhle!

Wer ist Monsieur Vinaigre?
Was schätzt Suzanne besonders an ihm?
Wo befinden sich die Kinder, als das Abenteuer wirklich beginnt?

Aus welchem Grund sind die anderen dankbar, als Philippe als Erster hinuntersteigen will?
Wie fühlen sich die Kinder, als sie alle unten in der Höhle angekommen sind?
Wie hättest du dich dort gefühlt?
Welche Befürchtungen mag Philippe wohl haben, als er Isabelles schrillen Schrei hört?
Mit welchen Gefühlen gehen die Kinder am Ende des Kapitels nach Hause?

Die unheimliche Bildergalerie

Als Philippe Isabelles erneuten „schauerlichen" Schrei hört, macht er sich sofort Sorgen, dass etwas passiert sei. Was stellt er sich vor?
Welche Bedenken kommen Regis vor der Überquerung des unterirdischen Sees?
Regis überlegt, ob es nicht doch besser wäre, den Erwachsenen von ihrer Entdeckung zu erzählen. Wie reagiert Philippe auf diesen Vorschlag?
Aus welchem Grund möchte Philippe nicht, dass die Erwachsenen informiert werden?
Welche „verlockende Aussicht" lässt Isabelle sorgenfrei einschlafen?

Fragen zur Lektüre *II*

Das darf doch nicht wahr sein ...!

Philippe weist Isabelle und Suzanne an, den Hund „nur ja nicht frei laufen" zu lassen. Was könnte sonst seiner Ansicht nach passieren?
Aus welchem Grund ist Suzanne enttäuscht, als sie annehmen muss, dass bereits andere Menschen vor ihnen die Höhle entdeckt haben?
Was wäre nach Ansicht Suzannes „eine schöne Blamage"?
Welchen Vorschlag macht Philippe, als sich die Höhle in drei Richtungen gabelt?
Was dürfen die anderen nicht allein versuchen, weil es nach Philippes Meinung zu gefährlich ist?
Was scheint Jaquin nicht erwarten zu können?

Isabelle ist verschwunden!

Aus welchem Grund sind Regis, Suzanne und Philippe von ihren Entdeckungstouren enttäuscht?
Suzanne und Regis malen sich aus, was Isabelle zugestoßen sein könnte. Was sind ihre Vermutungen? Schreibe auch deine eigenen Vermutungen auf!
Woran kann Philippe zum Schluss des Kapitels nicht länger zweifeln?
Wer hat Isabelle nach deiner Meinung in ihre Situation gebracht? Begründe!

Zeichnung: Michael Olschowy
© Deutscher Taschenbuch Verlag, München

Ein Täuschungsmanöver

Welche drei Vorschläge machen Suzanne, Regis und Philippe um Isabelle zu helfen?
Wer kann sich durchsetzen? Wieso hören die anderen beiden auf ihn?
Wie täuscht Suzanne ihre Mutter?
Wie fühlt sich Philippe während seiner Beichte den Eltern gegenüber?
An welches Orientierungsmittel hatte Philippe nicht gedacht?
Wie reagiert Philippe, als er feststellen muss, dass der Höhleneingang versperrt ist?
Welche Vorwürfe macht er sich wohl in diesem Moment?
Was könnte nun schlimmstenfalls mit Isabelle geschehen?

Ein grausiger Fund!

Isabelle findet einen Totenschädel, der sie in Entsetzen versetzt.
Wovor hat sie in diesem Moment vermutlich besonders große Angst?
Worauf hat sie in ihrer Aufregung nicht geachtet?
Wie fühlt sich Isabelle nach „stundenlangem Umherirren"?
Aus welchem Grund kann Isabelle wieder etwas Hoffnung schöpfen?

Vinaigres große Stunde

Welche Möglichkeit zum Freilegen des Höhleneingangs schlägt Monsieur Oscar vor?
Mit welchem Hinweis kann Vinaigre helfen?
Weshalb muss Philippe vor dem Höhleneingang warten?

Fragen zur Lektüre *III*

Isabelles Urzeit-Abenteuer

Erlebt Isabelle ihr „Urzeit-Abenteuer“ wirklich? Wie könnten ihre Erlebnisse zu erklären sein?

Ist es möglich, das Isabelle in der Höhle auf Höhlenbären und Cromagnonmenschen trifft? Begründe!

Warum hat Isabelle dennoch diese Vorstellungen?

Das Kapitel hat ein offenes Ende.

Was werden die Cromagnonmenschen in Isabelles Vorstellung vermutlich mit ihr machen?

Eine glückliche Wende

Wer lenkt die Suchtruppe in die richtige Richtung?

Was schließt Suzanne aus den dunklen Flecken in der Nähe der Feuerstelle?

Wie verhält sich Isabelle, als die Retter sie erreichen?

Begründe ihre erste Reaktion.

Wer darf sich nach der Suchaktion zu Recht als Isabelles Lebensretter fühlen?

Wiedersehen mit einem alten Bekannten

Wie gelangt die erschöpfte Isabelle vom Höhlenausgang zurück ins Dorf? Was war für Isabelle das „Alleraller-schlimmste“ in der Höhle?

Dr. Antony möchte, dass Isabelle so bleibt, wie sie zu Beginn ihrer Bekanntschaft war. Wie könnte sie sich seiner Meinung nach wohl verändern, wenn der „Rummel“ mit den Zeitungsreportern losgeht?

Die Kinder gehen mit Dr. Antony noch einmal bis zum Grab neben der Feuerstelle. Woran erkennt der Wissenschaftler, dass die Steinzeitfrau noch jung gewesen sein muss?

Weshalb nimmt Dr. Antony ein Stück verkohltes Holz aus der Höhle mit?

Mit wem hat Isabelle auf Grund ihres Abenteuers eine dicke gegenseitige Freundschaft geschlossen?

Zeichnung: Michael Olschowy
© Deutscher Taschenbuch Verlag, München

Ein Telefonanruf mit Folgen

Welcher „Betrieb“ kommt jetzt auf die Höhlenentdecker zu?

Wie finden die Kinder es wohl, dass sie sogar ins Fernsehen kommen?

Welcher Wunsch geht für Isabelle in Erfüllung?

Was wird aus Vinaigre?

Fremdwörter I

In dem Buch „Mit Jeans in die Steinzeit" werden einige französische Fremdwörter und andere Begriffe benutzt, die du vielleicht nicht sofort verstanden hast.

Flûte
(S. 16)

Perioden
(S. 27)

Pelerine
(S. 38)

Schreibutensilien
(S. 24)

Respekt
(S. 48)

Halde
(S. 54)

Boulevard
(S. 42)

Cromagnonmensch
(S. 50)

Gendarm
(S. 16)

Kannibale
(S. 52)

Finde die Bedeutung der folgenden Begriffe mit einem Fremdwörterbuch oder aus dem Zusammenhang heraus. Bringe auch in Erfahrung, wie die Wörter ausgesprochen werden! Schneide die Kärtchen aus und schreibe auf die Rückseite die Erklärung. Zu vielen Wörtern kannst du auch ein Bild zeichnen.

Jetzt könnt ihr die schwierigen Wörter alleine oder zu zweit wie Vokabeln lernen. Schreibe mit jedem Wort einen sinnvollen Satz in dein Deutschheft. Unterstreiche das Fremdwort in deinen Sätzen.

Fremdwörter II

Labyrinth
(S. 130)

Instinkte
(S. 130)

Fantasie
(S. 80)

Magie
(S. 94)

Clochard
(S. 58)

symbolisch
(S. 94)

primitiv
(S. 98)

retuschieren
(S. 71)

Manöver
(S. 130)

identifizieren
(S. 117)

Blamage
(S. 119)

Hautleisten
(S. 117)

Orientierung
(S. 143)

gestikulieren
(S. 201)

Passage
(S. 182)

Amboss
(S. 199)

Fragekarten
zu den Kapiteln 1–4

Klebt die Fragen auf Kartonpapier und schneidet sie aus. Überlegt euch ein einfaches Spiel, bei dem ihr die Fragekarten als Ereigniskarten einsetzen könnt. Auf einer größeren Pappe könnt ihr einen richtigen Steinzeit-spielplan mit Ereig-nisfeldern entwerfen!

Von wem erfährt Isabelle zuerst etwas über die Steinzeit?
(1. Kapitel)

Wohin reist Isabelle in den Sommerferien?
(1. Kapitel)

Welchen Beruf übt Suzannes Vater aus?
(2. Kapitel)

Wie heißt der Hund?
(2. Kapitel)

Was muß Isabelle den anderen schwören?
(2. Kapitel)

Welchen Beruf übt Philippes Vater aus?
(2. Kapitel)

Wie ärgern die Mädchen den Dorfpolizisten?
(4. Kapitel)

Wie heißt Suzannes Bruder?
(1. Kapitel)

Wer ist Jeremias?
(2. Kapitel)

Wieso schneidet Suzanne ihrer Cousine die Haare kürzer?
(3. Kapitel)

Was haben die Kinder auf der anderen Seite des Flusses gefunden?
(4. Kapitel)

Wer ist Jaquin?
(2. Kapitel)

Wieso wollen die Kinder den Erwachsenen nicht von ihrer Entdeckung erählen?
(2. Kapitel)

Fragekarten
zu den Kapiteln 5–7

Was bedeuten die drei roten Striche an der Höhlenwand vermutlich?
(7. Kapitel)

Welche Tiere zeigen den Kindern den Eingang zur Höhle?
(5. Kapitel)

Was erfahren wir über die Bedeutung der Höhlenzeichnungen für die Cromagnonjäger?
(7. Kapitel)

Von welchem Tier stammt der Schädel, den die Kinder in der Höhle finden?
(6. Kapitel)

Welches Tier sehen die Kinder zuerst, als sie die Höhlenmalerei finden?
(7. Kapitel)

Isabelle findet eine Harpunenspitze. Beschreibe die äußerlichen Merkmale und den Zweck der Waffe?
(5. Kapitel)

Was hängt in schwarzen Klumpen von der Höhlendecke?
(6. Kapitel)

Welche Geräte nehmen die Kinder bei ihrem ersten Höhlengang mit?
(6. Kapitel)

Beschreibe die Öllampe, die die Kinder finden. Wie könnten die Cromagnonmenschen sie benutzt haben?
(7. Kapitel)

Wie steigen die Kinder in die Höhle hinab?
(6. Kapitel)

Wodurch unterscheidet sich ein Mammut von einem Elefanten?
(7. Kapitel)

Das *Steinzeitheft*

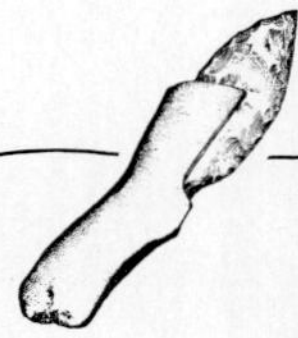

Für das Steinzeitheft benötigst du ein Schreibheft DIN A4. Schreibe immer die Überschrift des neuen Kapitels auf eine neue Seite. In das Steinzeitheft wirst du in den nächsten Wochen Arbeitsbögen kleben, eigene Bilder malen, Texte zum Buch aufschreiben und Fragen zum Buch beantworten.

Schreibe als erste Überschrift „Überraschung auf dem Bahnhof“ in dein Steinzeitheft.
Die erste Seite benötigst du für deine Inhaltsangabe.

Der Autor -
eine Rollenbiografie

Informiere dich über den Autor des Buches „Mit Jeans in die Steinzeit“. Du findest auf der zweiten Seite des Buches wichtige Informationen.

Versetze dich in die Rolle des Autors und beantworte die folgenden Fragen, die ihm ein Freund stellt. Wenn du eine Antwort nicht mit Hilfe des Textes beantworten kannst, dann überlege dir eine Antwort, die zu dem Autor passen könnte.

- *Wie heißt du?*
- *Wie alt bist du?*
- *In welcher Stadt hast du studiert?*
- *Welche Fächer interessieren dich besonders?*
- *Welches waren deine Lieblingsfächer in der Schule?*
- *In welchen Städten hast du gearbeitet?*
- *Du hast in vielen verschiedenen Städten gearbeitet, macht dir das etwas aus?*
- *Wie nennt man deinen Beruf?*
- *Hast du auch manchmal etwas mit der Schule zu tun?*
- *Woher weißt du so genau über Steinzeithöhlen Bescheid?*
- *Wie verbringst du am liebsten deine Freizeit?*
- *Wieso hast du ein Buch für Kinder geschrieben?*
- *Hast du selbst auch Kinder?*
- *Wie sieht dein Arbeitszimmer aus? Zeichne auf dieses oder ein leeres Blatt.*

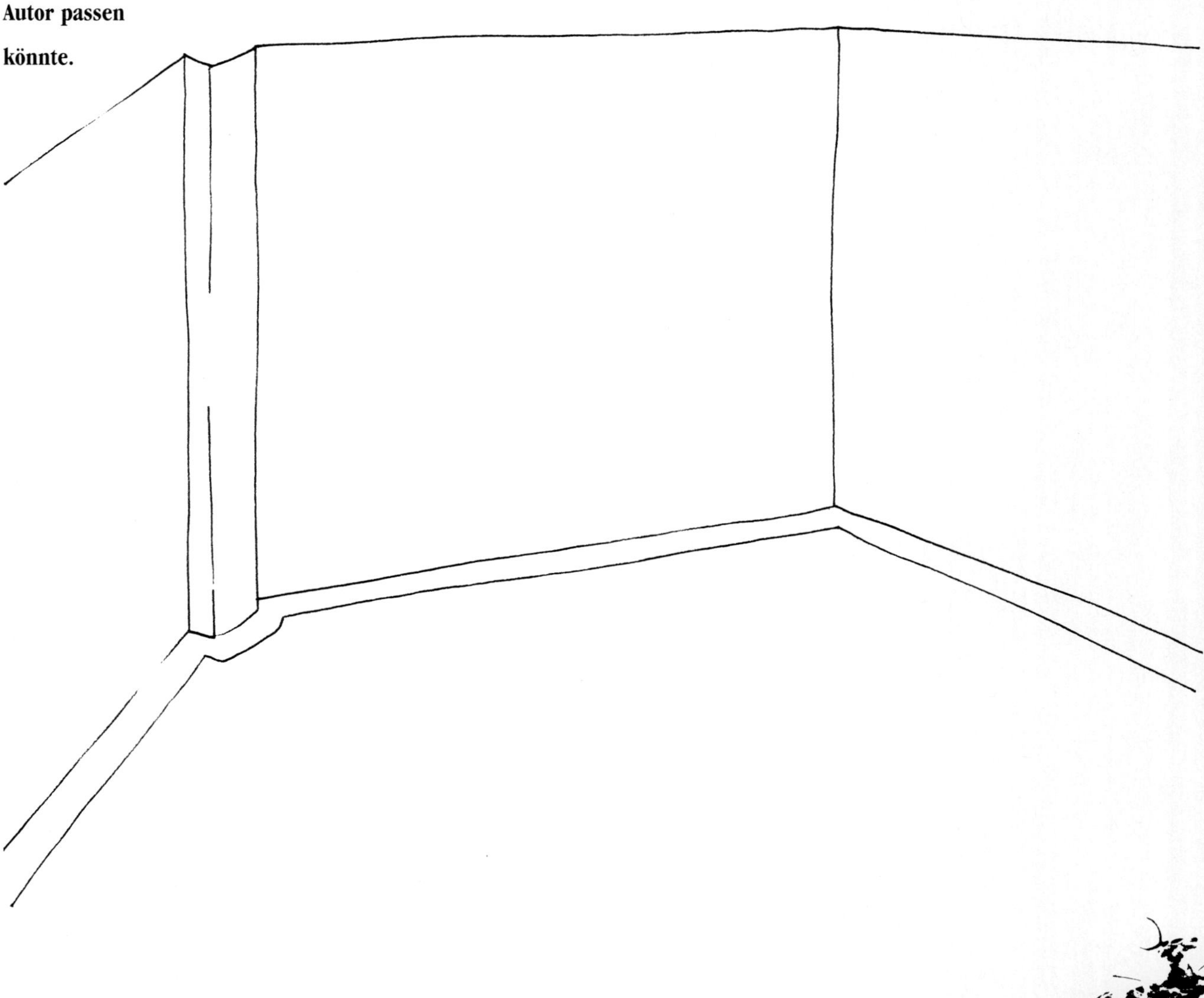

Ein Brief
von Suzanne

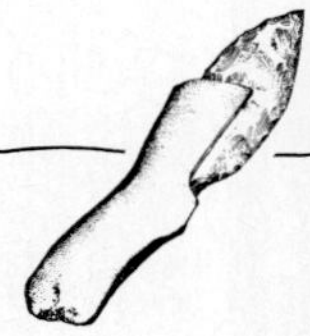

Isabelle erhält einen Brief von ihrer Cousine Suzanne, die sie in den Sommerferien in Südfrankreich besuchen wird.

Suzanne macht in ihrem Brief an Isabelle recht sonderbare Bemerkungen. Schreibe einmal selbst diesen Brief. Wenn auf dem Arbeitsblatt nicht genug Platz ist, kannst du auch im Steinzeitheft weiterschreiben.

Diese „Satzbausteine“ solltest du unter anderem dabei verwenden:

- *eine wichtige Entdeckung, die aber streng geheim bleiben soll*
- *kein Erwachsener darf davon erfahren*
- *erst nach deiner Ankunft*
- *Näheres darüber hören*
- *nachdem du Stillschweigen gelobt hast*

Alles andere darfst du dir selbst ausdenken! Benutze aber die Hinweise aus der Lektüre.
In welchem Monat wird der Brief wohl geschrieben worden sein? Ergänze! Nicht vergessen: In Briefen schreibt man zwar die Anredepronomen „Sie“ und die entsprechenden Abwandlungen „Ihnen“, „Ihr“, „Ihren“ groß. Die Anredepronomen „du“ und „ihr“ mit ihren Abwandlungen werden aber klein geschrieben!

Südfrankreich, den ....

Liebe Isabelle,

Isabelles Reiseweg
durch Frankreich

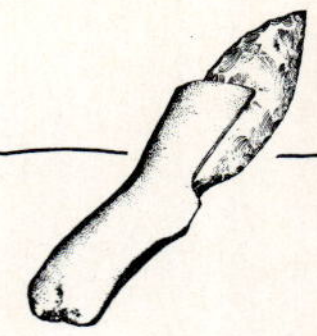

Nimm einen Atlas zu Hilfe und beschrifte auf dieser Karte von Frankreich und Nordspanien folgende Orte (Punkte) und Flüsse:

Paris, Lyon, Bordeaux, Brive, Les Eyzies, Montignac, Santander

Seine, Rhône, Loire, Dordogne, Vézère, Ebro

Trage mit einer gestrichelten Linie den Reiseweg von Isabelle ein!
Paris – Bordeaux (mit dem Auto)
Bordeaux – ? (mit dem Zug)

Südwestlich der Stadt Brive liegen die Höhlen „Lascaux" (bei Montignac) und „Cro-Magnon" (bei Les Eyzies). Bei der spanischen Stadt Santander liegt die Höhle Altamira.

Beschrifte auch diese Höhlen (Dreiecke).

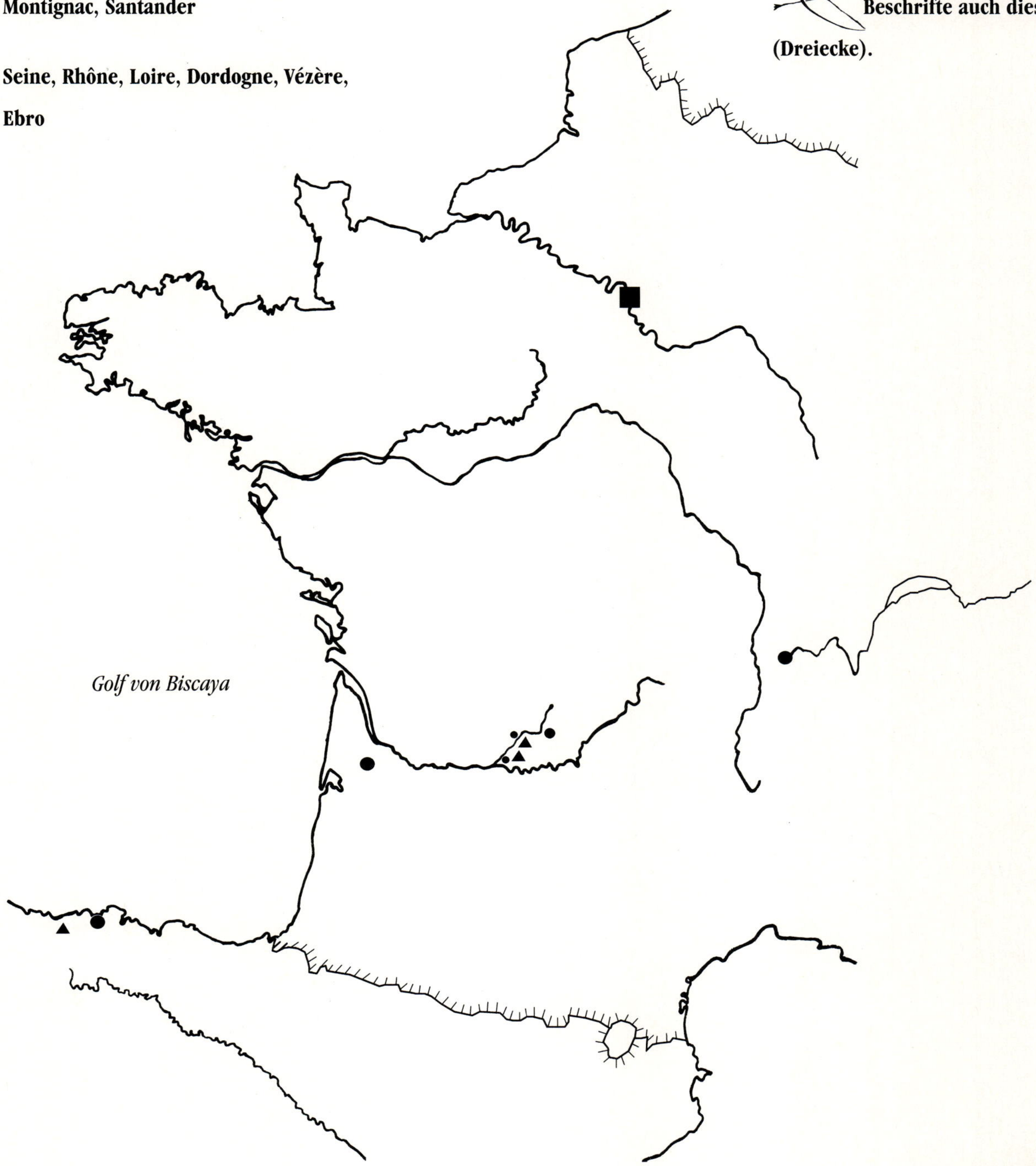

Bau eines Abris I

Natürlich haben die Steinzeitmenschen die Höhlen oder Abris nicht gebaut, sondern vorgefunden. Ihr könnt aber dennoch einen Abri basteln, um euch dem Lebensgefühl unserer Vorfahren anzunähern.

Benötigtes Material:

feiner Maschendraht, Zeitungspapier, Kleister, Steine, Hölzer, Laub und trockenes Gras, Tierknochen, brauner und weißer Ton, Wasserfarben

So geht es:

- Macht euch zunächst einen Plan. Wie soll das Modell aussehen? Dazu betrachtet ihr möglichst viele Bilder steinzeitlicher Behausungen.
- Die Wände der Felsnische werden mit feinmaschigem Maschendraht vorgeformt. Man kann Wülste, vorspringende Felsnasen und Verengungen formen. Dann wird alles mit kleistergetränktem Zeitungspapier bedeckt. Eventuell müsst ihr mehrere Schichten auflegen.
- Trocknen lassen und anmalen.
- Steinblöcke, Hölzer, Laub und trockenes Gras dienen als Ruhestätte. Vorn am Eingang könnt ihr eine Feuerstelle einrichten. Ganz hinten liegen Knochenreste, die ihr z.B. aus Ton kneten könnt. In der Nische werden Früchte aus dem Wald gegessen.
- Auf die Wände bringt ihr Zeichen auf: Jagdberichte, Geheimzeichen.

Bau eines Abris II

Regis:
„Die Eiszeitjäger wohnten doch überhaupt nicht in den Höhlen, weil es da drinnen viel zu kalt und zu nass war! (...) meistens haben die Cromagnon-menschen Abris vorgezogen.“ (S. 96, Z. 2 ff.)

Baut aus einfachen Materialien eine Höhlennische, einen Abri, der Steinzeitmenschen nach.

Benötigtes Material:
Pappkarton oder Schuhkarton, schwarzes und braunes Papier bzw. Kartonpapier, kleine Zweige, Modelliermasse

So geht es:

- Legt die Schachtel mit der Öffnung nach vorn.
- Verwendet zerknülltes schwarzes oder braunes Papier, um die Ecken und Kanten des Schachtelinneren auszupolstern.
- Lasst aber noch Platz für den Hintergrund.
- Legt in der Mitte der Nische mit kleinen Zweigen eine „Feuerstelle“ an.
- Bemalt die Wände mit Zeichen oder Höhlenmalerei.

Tipp: Mit einer kleinen Glühbirne und einer Batterie könnt ihr das Feuer zum „Brennen“ bringen.

Tiere der Eiszeit

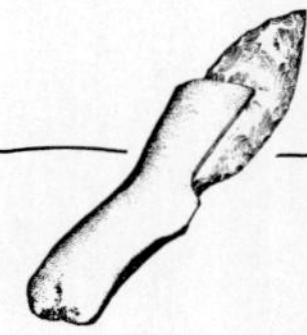

Isabelles Reisegefährte beschreibt, wie die Landschaft vor ca. 12 000 Jahren ausgesehen hat.

Welche Tiere nennt Isabelles Reisegefährte auf Seite 12 unten? Schneide die Tiere auf dieser Seite aus und klebe sie mit den richtigen Benennungen in dein Steinzeitheft.

Die Personen
in der Lektüre

Isabelle hat nun ihre Verwandtschaft in Südfrankreich kennen gelernt.

Benenne die Personen auf dem Bild unten.

Beschreibe die Personen in Stichworten, z.B. Alter, verwandt mit ..., Wohnort, Aussehen, Lieblingskleidung, Hobbys, Freizeitbeschäftigung, Beruf, besondere Merkmale ...

Beschreibe dann eine der folgenden Personen mit ganzen Sätzen in deinem Steinzeitheft:

- Isabelle
- Suzanne
- Regis
- Philippe
- Onkel Gérard
- Onkel Henry
- Monsieur Oscar

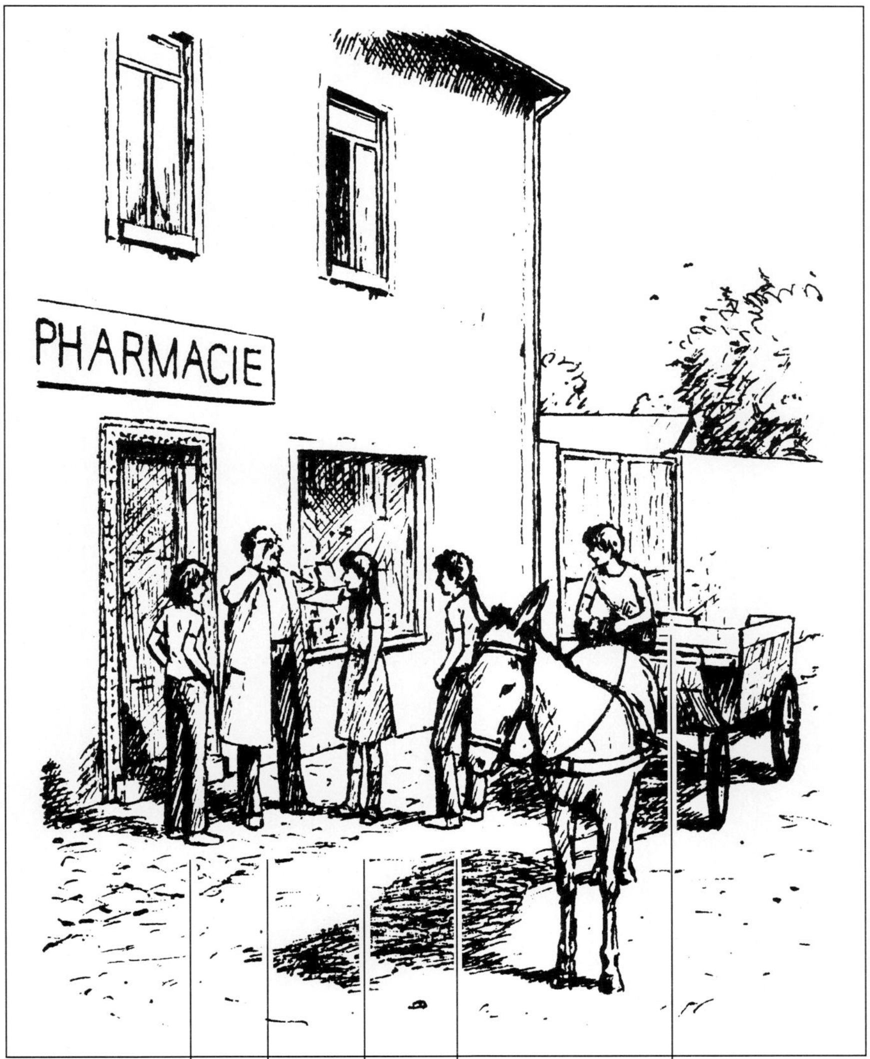

Zeichnung: Michael Olschowy
© Deutscher Taschenbuch Verlag, München

Isabelles *Familienstammbaum*

Trage diese Namen in Isabelles Familienstammbaum ein:
Monsieur Dumont (2x), Gérard Dumont, Madame Dumont (3x), Henry Malfait, Madame Malfait, Philippe Malfait, Cécile Malfait, Regis Dumont, Suzanne Dumont, Isabelle Dumont, kleine Schwester (?) Dumont, kleiner Bruder (?) Dumont.

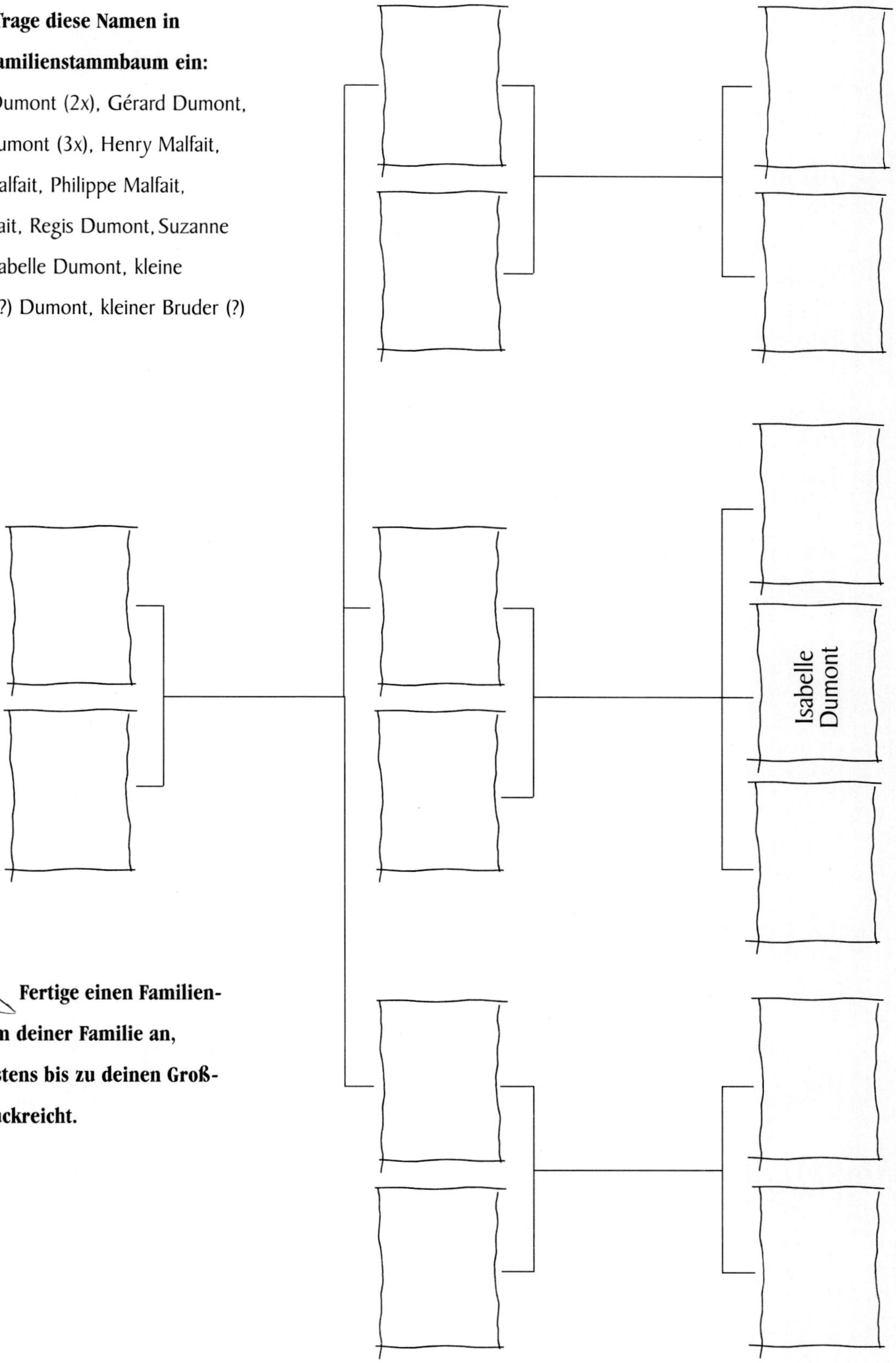

Fertige einen Familienstammbaum deiner Familie an, der mindestens bis zu deinen Großeltern zurückreicht.

Der Stammbaum
des Menschen–Informationen *I*

Der Stammbaum des Menschen ist eine viel kompliziertere Angelegenheit als ein persönlicher Familienstammbaum! Immer wieder bringen neue Funde von Knochen oder Zähnen, die mehrere Millionen Jahre alt sind, bisherige Stammbäume ins Wanken.

Während die wissenschaftlichen Methoden zur Altersbestimmung der Funde recht ausgereift sind, bereiten die Beziehungen der Vor- und Urmenschen untereinander weit größere Probleme. Die Frage „Wer ist wessen Vorfahr?" lässt – wie die Stammbäume auf dieser Seite zeigen – Raum für unterschiedliche Interpretationen. Einige Museen und Wissenschaftler sind deshalb inzwischen dazu übergegangen, die Funde einfach in zeitlicher Folge ohne Zuordnungen nebeneinander zu stellen.

Das größte Fragezeichen in der Entwicklung von Mensch und Menschenaffe – in der sogenannten „Hominidenevolution" – betrifft den gemeinsamen Vorfahren der beiden Arten: Keine Fossilienfunde belegen bis heute den Zeitraum, in dem sich die bis dahin gemeinsame Stammlinie von Mensch und Affe trennte. Den Zeitpunkt dieser Trennung schätzen Wissenschaftler heute auf fünf bis sieben Millionen Jahre vor unserer Zeitrechnung.

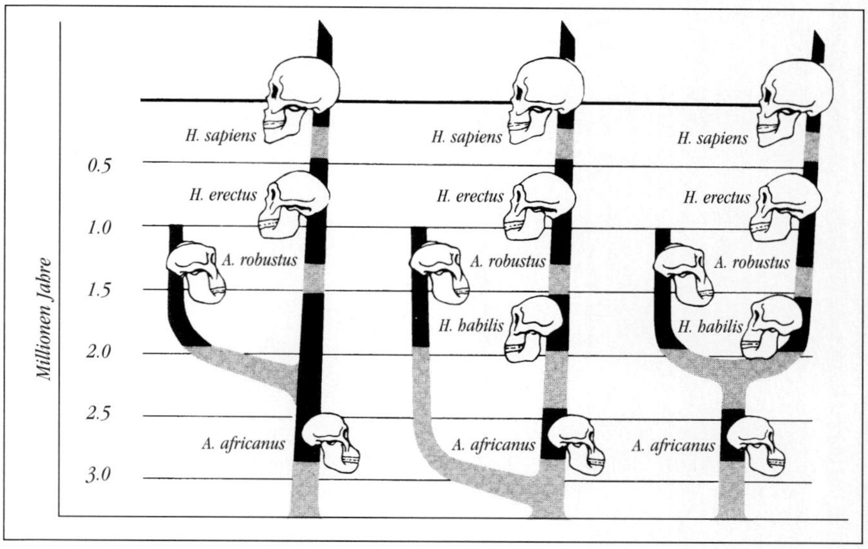

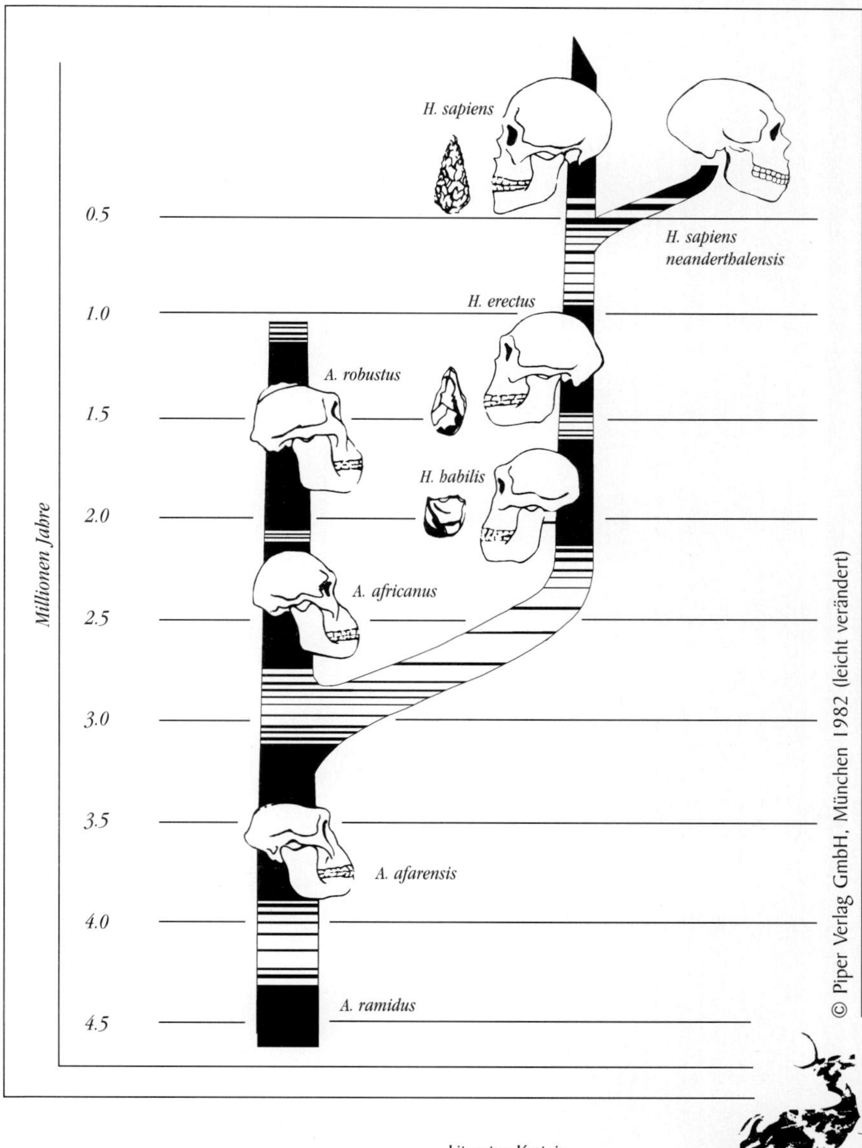

Der Stammbaum des Menschen – Informationen *II*

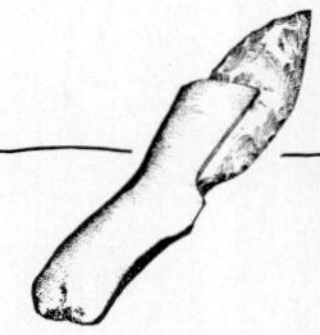

In der Linie, die von diesem unbekannten gemeinsamen Vorfahren zum heutigen Menschen führt, unterscheidet man die **Australopithecinen** oder **Vormenschen** (A. ramidus, A. afarensis, A. ...) und die ersten **Homo-Formen** oder **Urmenschen** (H. habilis, H. erectus, H. ...).

Aus der Zeichnung auf Seite 29 unten lässt sich dann die heute wohl überzeugendste Erklärung für die Entwicklung des Menschen lesen: Der 1992 in Äthiopien gefundene **Australopithecus ramidus** (4,4 Millionen Jahre alt) und der 1974 in dem selben Land gefundene **Australopithecus afarensis**, genannt „Lucy" (3,6 Millionen Jahre alt), können als gemeinsame Vorfahren der weiteren Australopithecinen und der Homo-Formen angesehen werden.

Die Entwicklung zum eigentlichen Menschen hat danach vor etwa 3 Millionen Jahren mit der eigenen Stammlinie des Urmenschen, des Homo eingesetzt.

Bis vor etwa einer Million Jahren die Australopithecinen ausstarben, bevölkerten diese offenbar über einen Zeitraum von mindestens einer Million Jahren gemeinsam mit verschiedenen Homo-Formen die Erde.

Der **Homo habilis** („geschickter Mensch") ist das erste nachgewiesene Homo-Stadium. Er errichtete Hütten aus Ästen und stellte die ersten Steinwerkzeuge her:

Die Abbildung auf Seite 29 unten verdeutlicht, wie das Werkzeug nun zum Homo sapiens hin immer ausgefeilter wurde. Überreste des Homo habilis wurden ebenso wie solche des frühen Homo erectus in Afrika gefunden. Viele Wissenschaftler bezeichnen Afrika deshalb als die „Wiege der Menschheit".

Der **Homo erectus** („aufrechter Mensch") war bereits fast so groß wie wir und benutzte als erster Mensch das Feuer.

Vor gut 600 000 Jahren spaltete sich die Homo-Entwicklungslinie dann nochmals auf: Es entwickelte sich auf der einen Seite der nach seinem ersten Fundort, einem Tal bei Düsseldorf, benannte **Homo sapiens neanderthalensis**.

Diese Menschenart bestattete ihre Toten und fertigte bereits Schmuck an. Vor etwa 100 000 Jahren starb der Neandertaler aus.

Auf der anderen Seite entwickelte sich unsere eigene Art, der **Homo sapiens** („weiser Mensch"). Während bis hierhin auf allen Stufen der Hominidenevolution mehrere Arten nebeneinander festzustellen sind, bleibt zuletzt nur der **Homo sapiens sapiens** übrig. Dieser moderne Mensch, zu dem auch schon der Cromagnonmensch zu rechnen ist, lebt seit etwa 40 000 Jahren in Europa.

Der Stammbaum des Menschen–Zeitleiste

Beschreibt die Entwicklung des Menschen mit eigenen Worten.

Vergleiche die Zeitleiste auf diesem Blatt mit den Abbildungen auf Seite 29 dieser Mappe: Welche Zuordnungen fehlen hier? Welchem Vorwurf muss sich die Zeitleiste auf diesem Blatt deshalb nicht aussetzen?

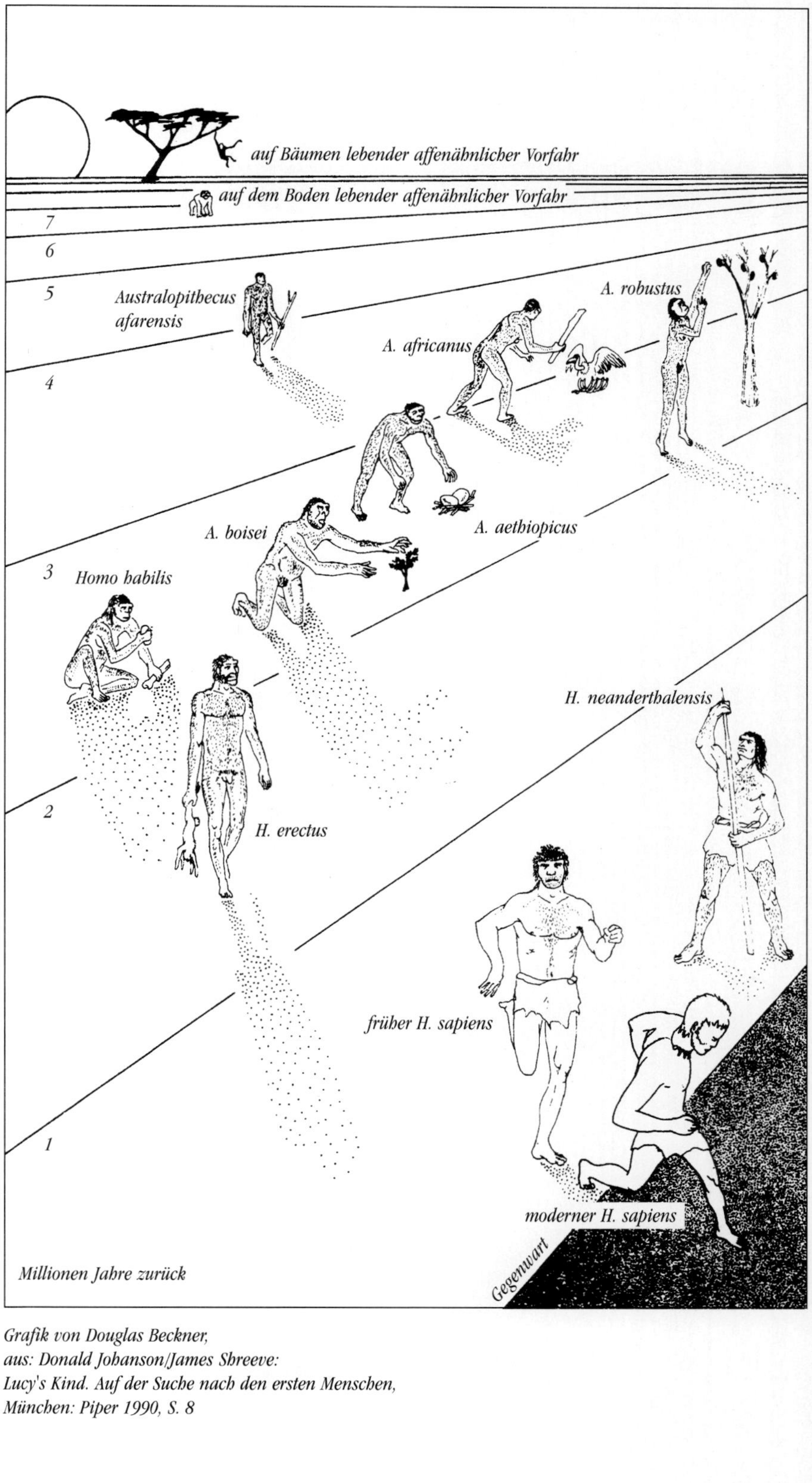

Grafik von Douglas Beckner, aus: Donald Johanson/James Shreeve: Lucy's Kind. Auf der Suche nach den ersten Menschen, München: Piper 1990, S. 8

Die Entwicklung des Menschen–Tabelle

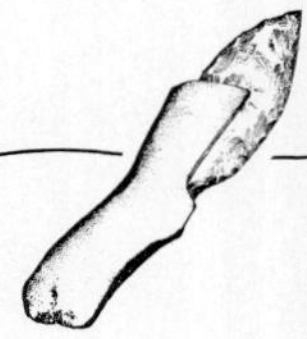

	Australopithecus afarensis	Homo habilis	Homo erectus	Cromagnonmensch (Homo sapiens sapiens)	wir
Zeitalter (ungefähr)					
Körperhaltung					
Wohnen					
Werkzeuge Erfindungen					
Kultur (Religion und Kunst)	–	–	–		

Die Ausbreitung
des Menschen–Karte

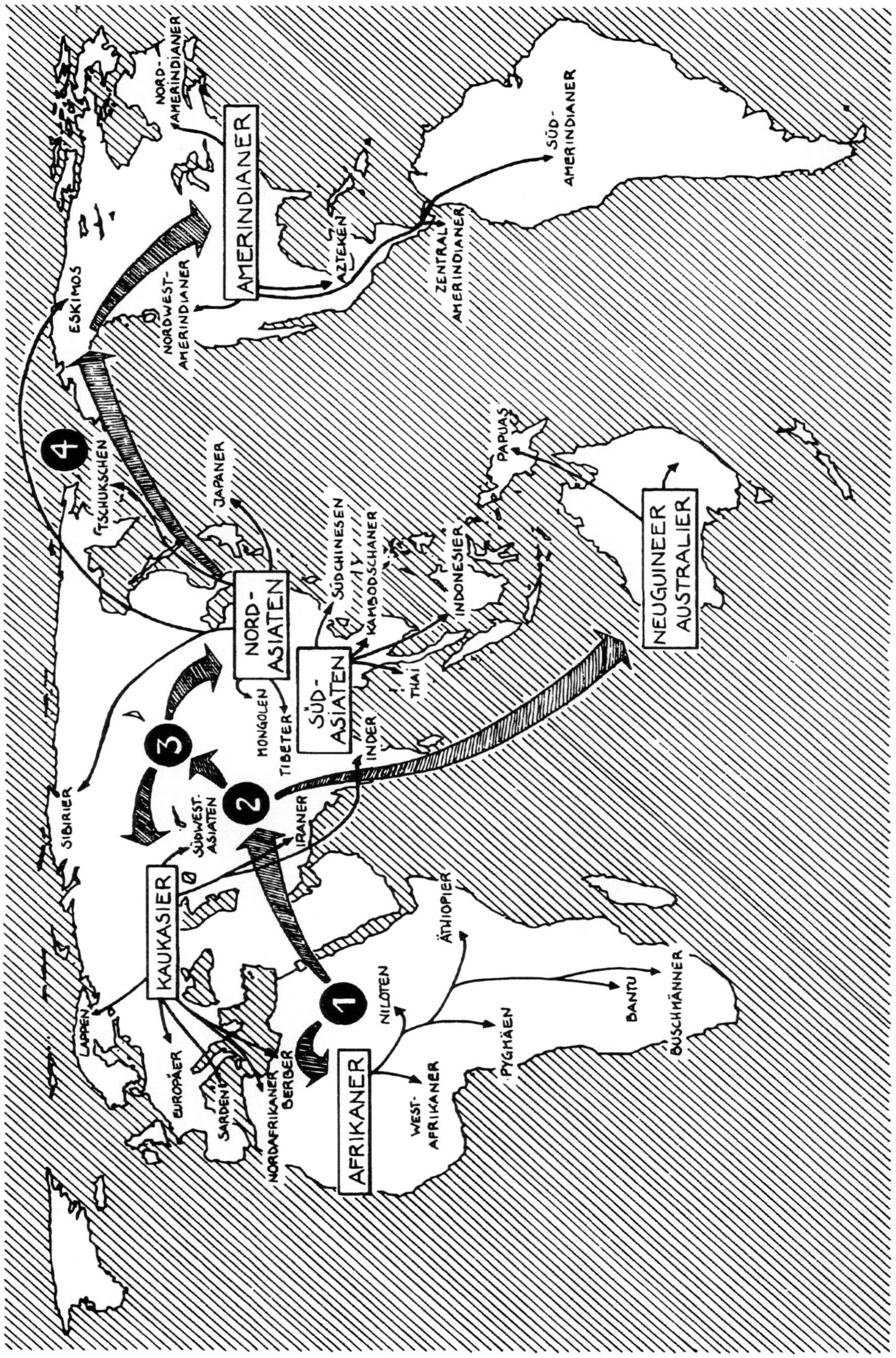

Karte nach: Die Zeit vom 7.2.1992

1) Afrikanische Aufspaltung, vor 100 000 Jahren
2) asiatische Aufspaltung bis nach Australien, vor 50 000 Jahren
3) Trennung zwischen Asiaten und Kaukasiern, vor 35- bis 40 000 Jahren
4) die Besiedlung Amerikas, vor 15- bis 30 000 Jahren

Blick aus dem *Fenster*

Lies dir noch einmal den Text auf S. 25, Z. 20–S. 28, Z. 16 durch. Zeichne Isabelles „Blick aus dem Fenster"!

Diese Dinge sollten auf deinem Bild zu erkennen sein: Blitzableiter, Beete, Holzzaun, Pappeln, Steinbrücke, Fluss, Kalkfelsen mit Abris, Flussterassen, der große Felsbrocken

Klebe die fertige „Aussicht" in dein Steinzeitheft.

Jagdgeräte der Steinzeit

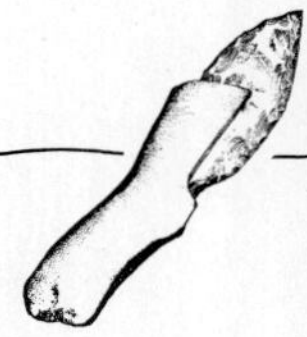

Seht euch die Jagdgeräte der Steinzeitmenschen genau an.

Setze ein:

Steinbeil, Speer mit Steinspitze, Holzspieß, Wurfkeule, Speerspitze, Harpune

Baut die Waffen aus Ästen, Ton, Lederband und Steinen nach.

Schreibt auf kleine Schilder die Namen der Geräte und macht eine Ausstellung.
Überlegt, was die Steinzeitmenschen mit den Waffen vermutlich gejagt haben.

Macht euch auch darüber Gedanken, welche Geräte komplizierter sind und damit vermutlich aus jeweils späteren Entwicklungsstufen stammen.

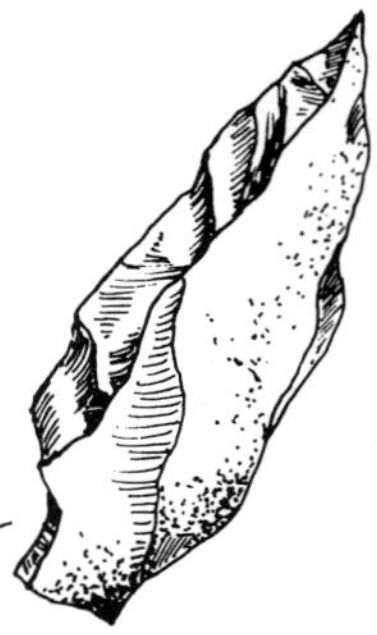

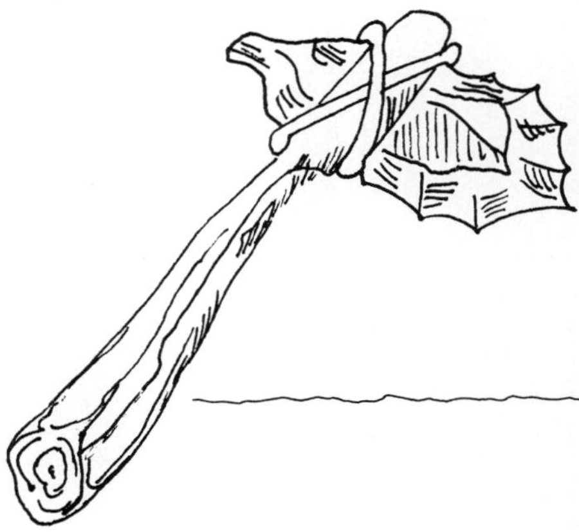

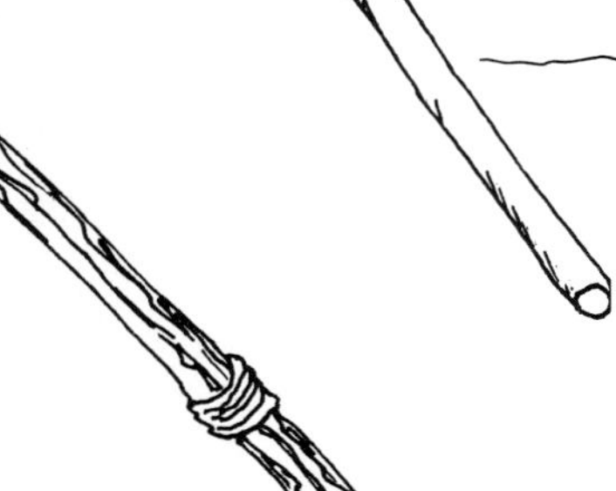

Speer und Harpune

Zum Ende der Altsteinzeit werden immer bessere Geräte von den Steinzeitmenschen hergestellt. Zu diesem Zeitpunkt ist der Speer immer noch das wichtigste Jagdgerät. Neben technisch oft vollendet ausgeführten Steinspitzen tauchen auch Speerspitzen aus Knochen, Mammutelfenbein oder Horn auf. Aus der Zeit der Cromagnonmenschen sind auch Harpunen mit Widerhaken und Blutrinnen bekannt.

Leider blieben Holz und andere organische Stoffe nur ganz ausnahmsweise erhalten. Regis erklärt seinen Freunden die Vorteile einer Harpunenspitze gegenüber der Beschaffenheit eines Speeres (S. 47f.).

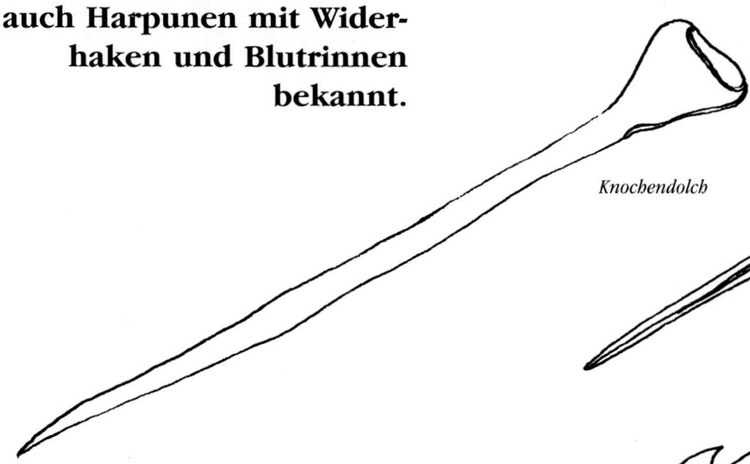

Knochendolch

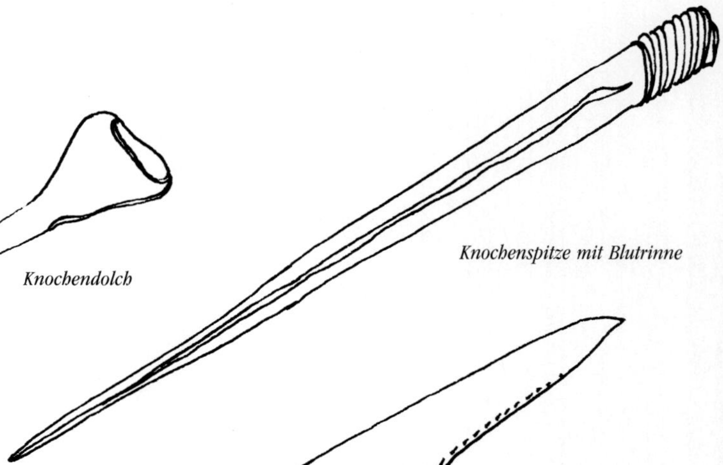

Knochenspitze mit Blutrinne

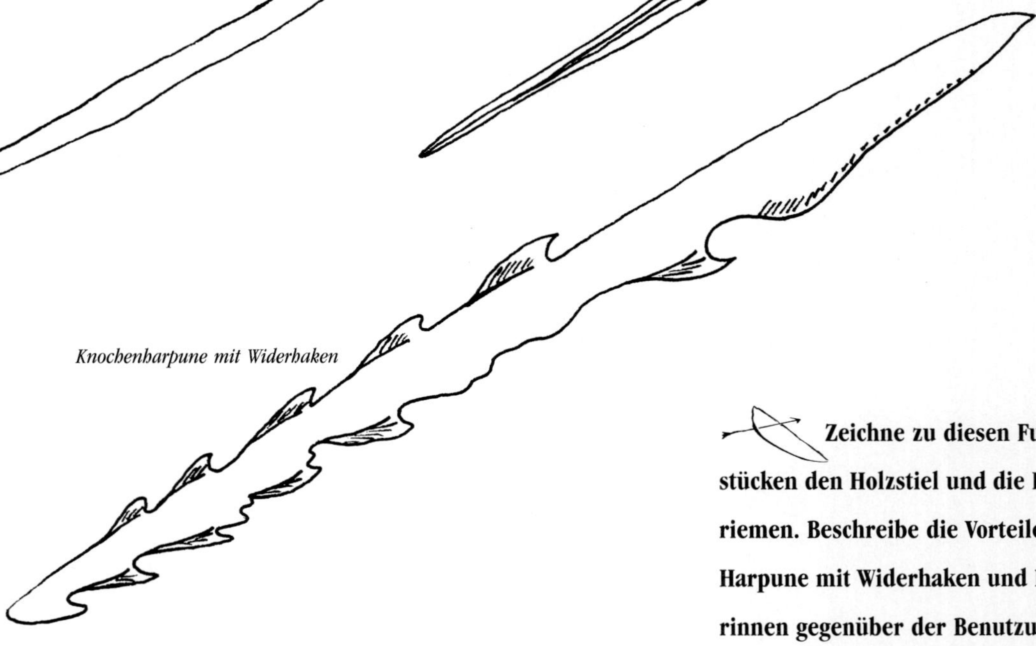

Knochenharpune mit Widerhaken

Zeichne zu diesen Fundstücken den Holzstiel und die Lederriemen. Beschreibe die Vorteile einer Harpune mit Widerhaken und Blutrinnen gegenüber der Benutzung eines Speeres bei der Jagd unserer Vorfahren. Kannst du auch aus einem Stock eine Harpune mit Widerhaken und Blutrinnen herstellen?

Steinzeitjagdwaffen – Lückentext

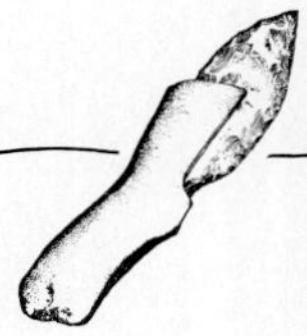

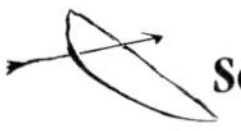

Setze folgende Wörter unten ein: Stab, Harpune, Rehgeweihbeil, Tiermasken, Lanzenspitze, Feuerstein, Feuer, Tiere, Treibjagden, Lederriemen, Fallgruben

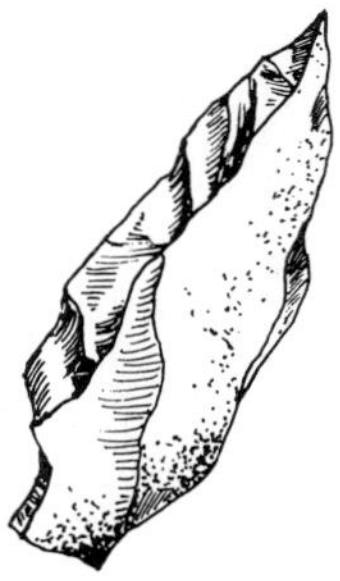

Die Steinzeitmenschen kannten vielseitige Jagdwaffen:

Eine ______________ bestand aus einem langen ______________ aus Eibenholz.

Über dem ______________ wurde sie zuvor gehärtet.

Die ______________ hatte Widerhaken, sodass die ______________ sie nicht so leicht abschütteln konnten.

Häufig war sie an ______________ befestigt, damit man getroffene Tiere festhalten konnte.

Die Speerschleuder hatte eine Spitze aus ______________ oder Knochen, die mit Riemen an Holzstäben befestigt war.

Das ______________ schließlich wurde als Nahwaffe bei der Jagd eingesetzt.

Interessant ist, dass die Steinzeitmenschen sich für die Jagd ______________ anfertigten, um näher an die Tiere heranzukommen.

Die Steinzeitmenschen führten ______________ durch oder bauten ______________.

Steinzeitwerkzeug

Sieh dir die Geräte der Steinzeitmenschen genau an.

Setze ein:

Messer, Axt, Bohrer, Hobel, Faustkeil, Knochen als Arbeitsfläche

Aus Feuerstein kann euer Lehrer/eure Lehrerin einen spitzen Stein durch Zerschlagen in einem Handtuch herstellen. Vorsicht Splittergefahr!

Formt aus Ton einige der Geräte nach.

Schreibt auf kleine Schilder die Namen der Geräte und macht eine Ausstellung.

Überlegt, was die Menschen mit diesen Geräten bearbeitet haben. Welche Geräte könnten aus der frühen, welche eher aus der späten Steinzeit stammen?

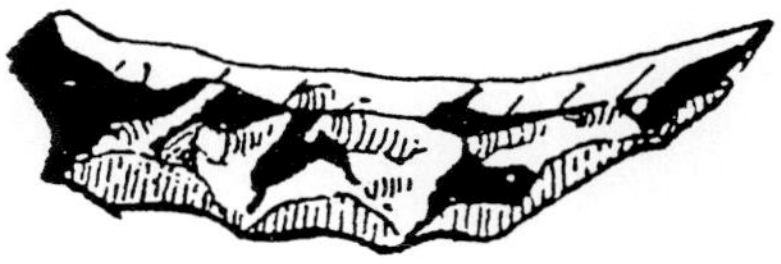

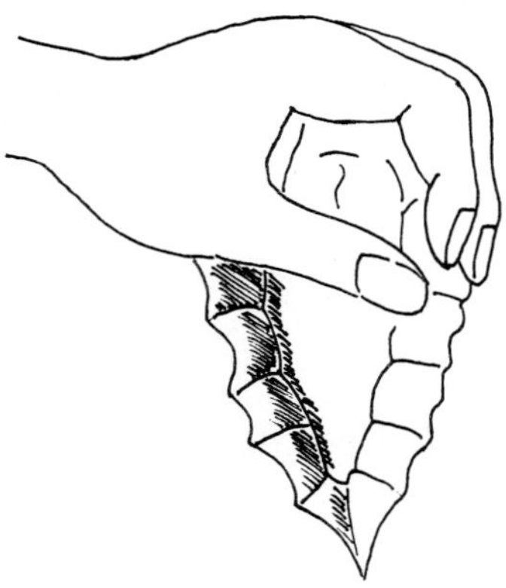

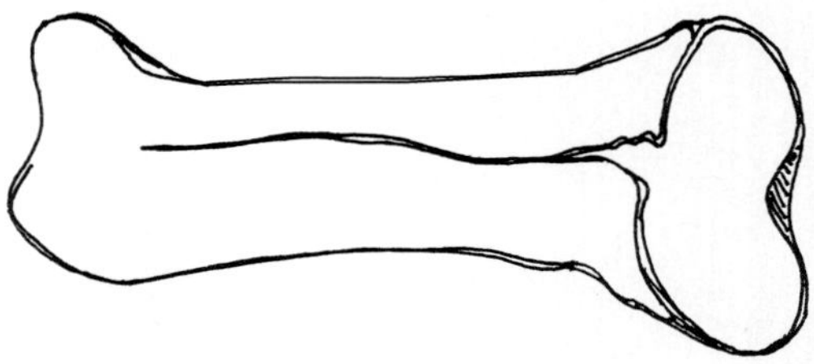

Die Werkzeugherstellung

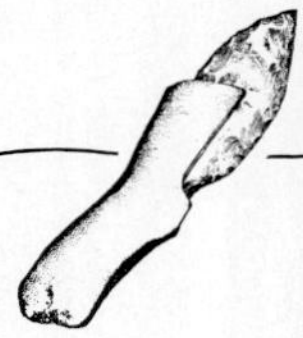

Im Kapitel „Eine wirklich große Höhle“ findet Regis ein Steinzeitmesser. Er erklärt den anderen, wie die Menschen früher solche Werkzeuge hergestellt haben (S. 71f.).

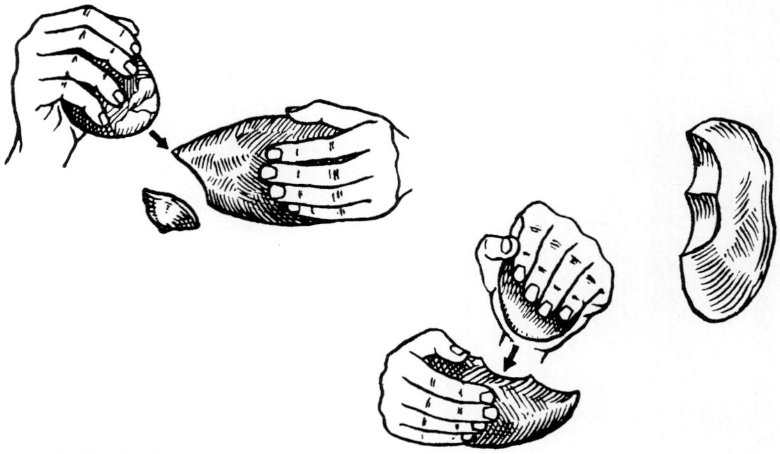

Steinabschlag bei den Neandertalern

Steinabschlag der Neandertaler

Beim Spalten hielt der Steinzeitmensch den Stein in der linken Hand und bearbeitete ihn mit dem Schlagstein in der rechten, mit kräftigen, genauen Schlägen. Diese Art der Herstellung geht relativ rasch vonstatten. Am häufigsten wurden die Steine wohl auf einer festen Unterlage gespalten. Entweder schlug der Steinzeitmensch das Rohstück gegen einen größeren, harten, meist auf der Erde liegenden Stein oder schleuderte es heftig gegen eine Steinwand oder einen Felsblock. Dabei zerbrach das Stück in mehrere Teile, aus denen er zur Weiterbearbeitung geeignete Abschläge auswählen konnte. Bei der Feinbearbeitung des künftigen Werkzeugs musste er sich bei jedem Schlag Richtung und Stärke genau überlegen. Mit einem weiteren Steinwerkzeug wurde die Oberfläche bearbeitet.

Steinabschlag der Cromagnonmenschen

Die Cromagnonmenschen arbeiteten mit einem Meißel und konnten so genauere und feinere Abschläge erzielen. Daher besaßen sie auch bereits besseres Werkzeug als die Neandertaler. Nun wurden die Werkzeuge auch schon an hölzernen Griffen befestigt, die leider nicht erhalten blieben. Zuerst wurde dabei im Knochen eine Höhlung ausgestemmt, in die das steinerne Werkzeug dann eingestemmt wurde.

Beschreibe mit eigenen Worten, wie die Urmenschen ihre Werkzeuge hergestellt haben. Wähle aus:

Steinwerkzeugherstellung bei den Neandertalern

Steinwerkzeugherstellung bei den Cromagnonmenschen

Beschreibe zum Schluss den Unterschied zwischen den beiden Herstellungsarten.

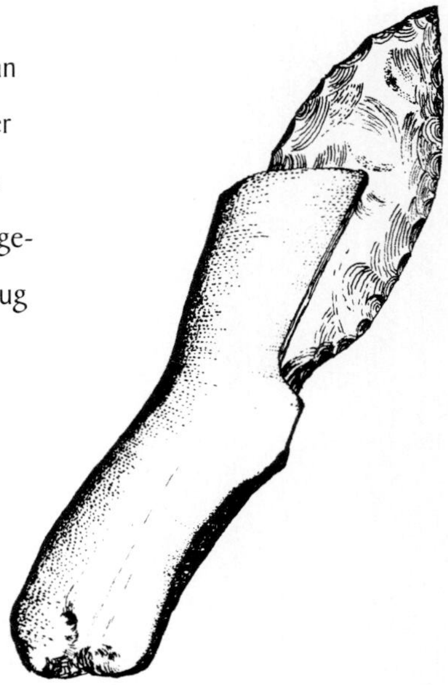

Werkzeug mit hölzernem Griff

Die Entdeckung der *Höhle Altamira*

Lies den Zeitungsbericht! Beschreibe, wie die erste Höhle gefunden wurde. Wie lange ist die bis heute letzte Entdeckung einer Höhle her?

Schreibe selbst einen Zeitungsbericht zu diesem Thema.

„Papa, sieh mal!“

Im Jahr 1868 streifte ein Jäger über die Felder der nordspanischen Provinz Santander und sah plötzlich seinen Hund in einem Erdloch verschwinden. Der Mann grub ihm nach und fand unter der Erde eine geräumige Höhle. Auf dem Heimweg benachrichtigte er den Besitzer des Feldes, den Grafen Marcelino de Sautuola, der den Eingang der Grotte wieder zuschütten ließ. Zehn Jahre später rutschte derselbe Graf auf den Knien durch die dunkle Höhle: Angeregt von einer Ausstellung steinzeitlicher Werkzeuge, hatte sich de Sautuola den Erdboden seiner Grotte vorgenommen, wo er tatsächlich auf durchbohrte Muscheln und Knochenstücke mit Einritzungen stieß. Eines Tages begleitete ihn seine Tochter Maria. Das Kind saß im Schein der Kerzen, schaute sich im Gewölbe um und rief plötzlich: „Papa, mira toros pintados!“ – Papa, sieh mal, gemalte Stiere! De Sautuola sah hoch und erstarrte. Nie zuvor hatte er so etwas gesehen: Die Decke der Höhle war über und über mit plastischen Darstellungen von Wisenten bemalt, in Rot, Schwarz und Braun. So wurden 1879 die ersten Malereien der Eiszeit entdeckt – in der Höhle Altamira.

Die Fachwelt damals hielt allerdings diese Tiermalereien für Fälschungen. Eher hätten sie Kritzeleien akzeptiert: Keiner der Wissenschaftler traute Eiszeit-Menschen eine derart künstlerische Begabung zu. Zudem gab es noch keine Methode, die Wandbilder zu datieren.

Heute zählen die Höhlen von Altamira in Spanien und Lascaux in Frankreich zu den berühmtesten aller Bildergrotten. Fast 140 davon wurden im Laufe dieses Jahrhunderts entdeckt, die meisten in Nordspanien und Südfrankreich, und die letzte (im Dezember 1994) im südfranzösischen Ardèche-Tal. Oft waren die Eingänge der Kalksteingrotten noch während der Eiszeit verschüttet worden, sodass ihr Inneres über Jahrtausende gegen Wind und Wetter geschützt war. Sie alle stammen aus der letzten Epoche der Eiszeit vor 30 000 bis 10 000 Jahren.

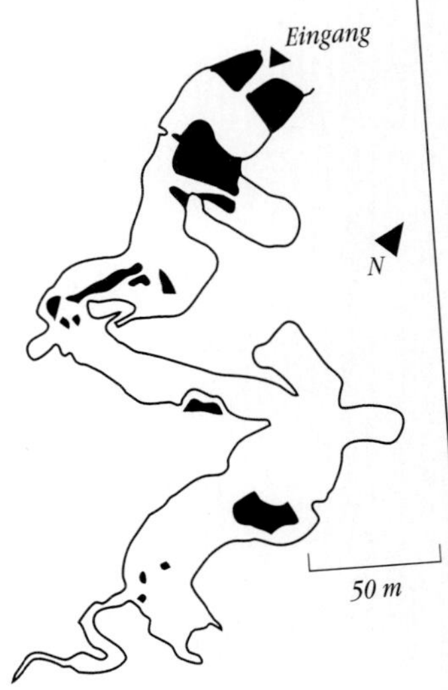

Grundriss der Höhle Altamira

Barbara Wessel und Michael Rudert: „Auf einer Wand vor unserer Zeit“, in: Hamburger Abendblatt, 4./5. Februar 1995

Vier Jungen und ein Hund

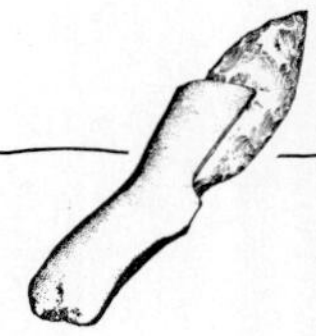

Auf S. 49, Z. 27–S. 51, Z. 1 erzählt Regis von der Entdeckung der Höhle Lascaux.

Lies dir diese Stelle des Buches und die Beschreibung der Entdeckungsgeschichte auf diesem Blatt genau durch.

Welche Ähnlichkeiten zu den Erlebnissen der Jugendlichen in „Mit Jeans in die Steinzeit" fallen dir auf?

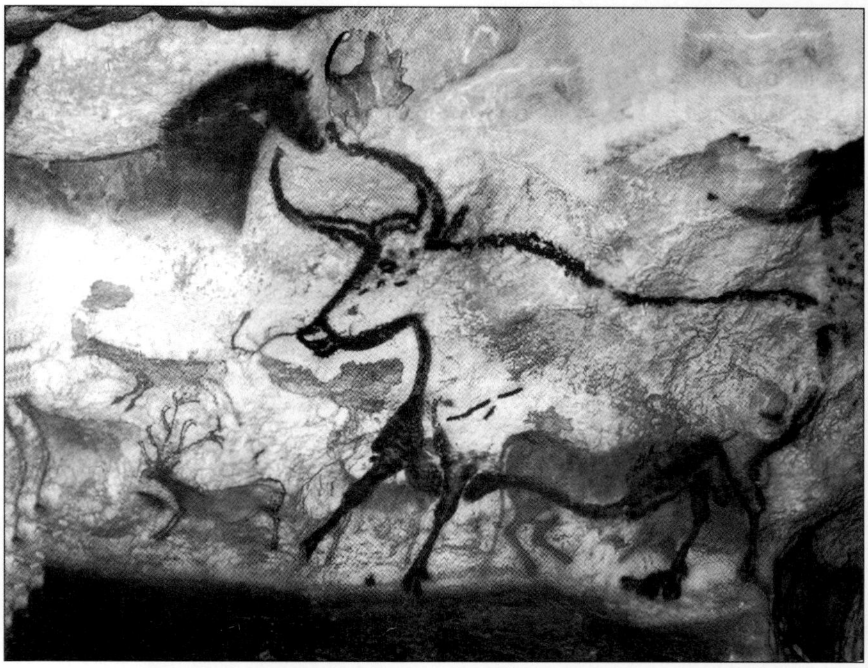

Pferde, Hirsche und ein Auerochse im „Großen Saal" von Lascaux

Seit 1940 muss sich Altamira mit einem anderen aufsehenerregenden Fund in Frankreich die Ehre teilen. Die Umstände, unter denen die Entdeckung der Höhle in Lascaux an der Vézère gemacht wurde, klingen wie eine andere Version der Altamira-Geschichte, denn es waren wieder ein Jagdhund und Jugendliche daran beteiligt. Dieses Mal fiel der Hund in ein Loch, das eine vom Sturm entwurzelte Tanne hinterlassen hatte. Das Gejaule des Hundes veranlasste den Besitzer, einen der vier Jungen, die zusammen einen Ausflug ins Grüne machten, das Loch zu vergrößern und sich zu dem etwa 7,50 Meter tiefen Boden der Höhle hinuntergleiten zu lassen. Seine Freunde folgten ihm, zündeten Streichhölzer an – und sahen sich von Pferden, Hirschen und Stieren umgeben, die auf die Wände gemalt waren. Es machte den Jungen Spaß, ihr Geheimnis vier Tage lang für sich zu behalten, bis sie ihrem Lehrer davon erzählten. Vier Tage später nahm dann der damals führende Prähistoriker Frankreichs Abbé Henri Breuil, der sich zufällig nur 40 Kilometer entfernt aufhielt, die Sache in die Hand.

nach: Tom Prideaux: Der Cro-Magnon-Mensch, Time-Life International 1973, S. 106

Kannibalen der Vorzeit?

Aus der Vorzeit sind uns viele Schädelfunde bekannt, die Hinweise auf eine ganz bestimmte Art des Kannibalismus zu geben scheinen.
Dabei handelt es sich um Schädelreste mit herausgebrochener Basis. Das Gehirn wurde dabei aus seiner knöchernen Schale herausgenommen. Die frühen Menschen wollten so möglicherweise an das Gehirn gelangen, um es zu essen. Vermutlich wollten sie sich auf diese Weise auch das Wissen und die Erfahrung des toten Menschen einverleiben. Genaueres wissen die Wissenschaftler jedoch nicht. Manchmal wurden die aufgebrochenen Schädel in sogenannten Schädelnestern gesammelt. Einige scheinen die Schädeldecke sogar als Trinkbecher benutzt zu haben. Auch wurden menschliche Röhrenknochen gespalten, um an das Knochenmark zu kommen – möglicherweise auch hier, um es zu verspeisen.

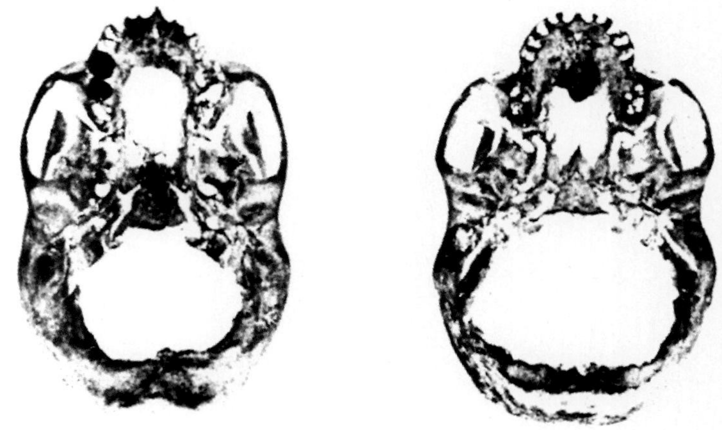

Schädel, deren Basen offenbar herausgebrochen wurden
(links ein neuerer Papuaschädel aus Neuguinea, rechts ein prähistorischer Fund aus Mähren)

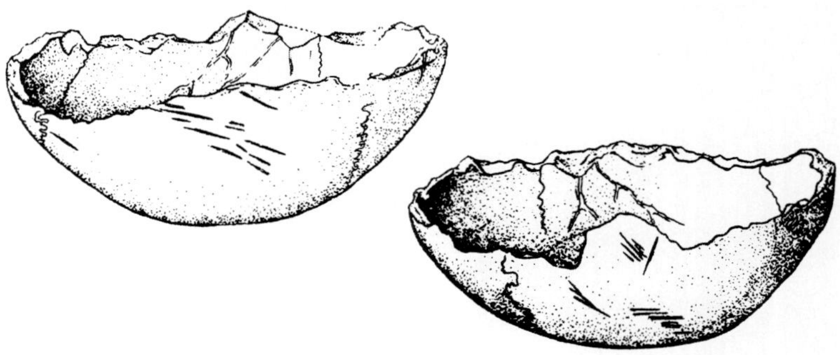

Becher, der aus einem Menschenschädel hergestellt wurde (Fundort: Le Placard, Frankreich)

Wieso haben die Menschen vermutlich das Gehirn anderer Menschen gegessen?

Auf S. 52, Z. 33 nennt Regis einen Begriff für diese Art des Kannibalismus. Wie lautet er?
Welchen heutigen medizinischen Begriff erwähnt Regis für das Aufbrechen des Schädels als Folge eines Unfalls?

Die Wissenschaftler haben lediglich Hinweise darauf gefunden, dass die Menschen früher das Gehirn ihrer Mitmenschen verzehrt haben könnten. Woran hätten Forscher heutzutage erkennen können, dass sich die Vorzeitmenschen ganz aufgegessen haben?
Stellt Vermutungen an.

Die *Fledermaus*

Auf S. 66f. erfährst du bereits einige wichtige Informationen von Regis und Philippe.

Informiere dich über Aussehen und Verhalten einer Fledermaus.

Erkundige dich in deinem Biologiebuch über Fledermäuse.

Beschrifte die Körperteile dieser Zwergfledermaus:

Zeichnung: Heinrich Köster
(aus: ders./Jürgen Dittmann: Das Naturmalbuch, Mülheim: Verlag an der Ruhr 1997, S. 101)

Der *Höhlenbär*

Auf S. 174–179 „begegnet“ Isabelle den Höhlenbären. Hier findest du weitere Informationen:

Lebensraum, Aussehen, Nahrung

Der Höhlenbär lebte in ganz Europa und entwickelte sich im Laufe der Jahrtausende zu einem wahren Riesen: Er wurde bis zu vier Meter lang. Er ernährte sich hauptsächlich von Pflanzen, konnte aber mit seinem Allesfressergebiss auch auf tierische Nahrung ausweichen. Dadurch hatte er immer genug zu fressen.
Den Winter verbrachte der Höhlenbär in seiner Höhle und lebte von dem Fett, das er im Sommer angefressen hatte.
Höhlenbärskelette, die wir in Museen anschauen können, sind fast immer aus mehreren Einzelfunden zusammengesetzt, da nur sehr selten vollständige Skelette gefunden wurden. Eiszeitliche Aasfresser ließen den Forschern nur Reste übrig.

Das Aussterben des Höhlenbären

Da die Sommer wegen der näherrückenden letzten Eiszeit immer kürzer wurden, gab es für Bären immer weniger zu fressen. Viele konnten sich nicht mehr genügend Speck als Wintervorrat anfressen. Sie verhungerten im Schlaf, ihre Knochen häuften sich in den Höhlen an. Weil immer wieder Kalk und Lehmschichten von der Höhlenwand herabfielen, konnte es so aussehen, als ob Bärenschädel in steinernen Kisten begraben wären.

Der Höhlenbär als Jagdopfer

Auch wenn es keine Spuren für einen Bärenkult der Neandertaler gibt: „Respekt“ hatten sie sicher vor den riesigen Höhlenbären.
Selbst wenn sie manche Bären im Winterschlaf überraschen konnten – die meisten Exemplare mussten sie, mutig oder listig, im Kampf besiegt haben. Entweder haben sie zu mehreren den Bären, der sich bei Bedrohung aufrichtete, mit dem Wurfspeer attackiert oder sie ließen von oben gerade in dem Augenblick einen Felsbrocken auf den Höhleneingang hinabfallen, als sich der Bär hineinflüchten wollte.
Sicher haben die Menschen damals den Bären gefürchtet. Trotzdem gelang es ihnen, diese Gegner und andere wilde Tiere aus den Höhlen zu vertreiben, um sie selbst für ihre Zwecke in Besitz nehmen zu können.

Wie schreibe ich eine *Nacherzählung* ?

Lies dir die folgenden Regeln sorgfältig durch und berücksichtige sie bei deiner Nacherzählung.

Schreibe eine Nacherzählung zu den folgenden Stellen des Buches:
S. 67, Z. 30 bis S. 69, Z. 5
S. 84, Z. 5 bis S. 58, Z. 19

- Ich höre aufmerksam zu.
- Ich wähle die Erzählzeit.
- Ich notiere wichtige Einzelheiten in Stichworten.
- Ich erzähle so, dass die Nacherzählung verstanden wird.
- Ich achte auf die Erzählschritte und die richtige Reihenfolge.
- Ich erzähle möglichst lebendig und benutze passende Verben und Adjektive.
- Ich lasse nichts Wesentliches aus.
- Ich füge keine eigenen Ideen oder Meinungen hinzu.
- Ich erzähle möglichst genau.
- Zum Schluss überprüfe ich noch einmal, ob meine Nacherzählung sprachlich und inhaltlich gelungen ist.

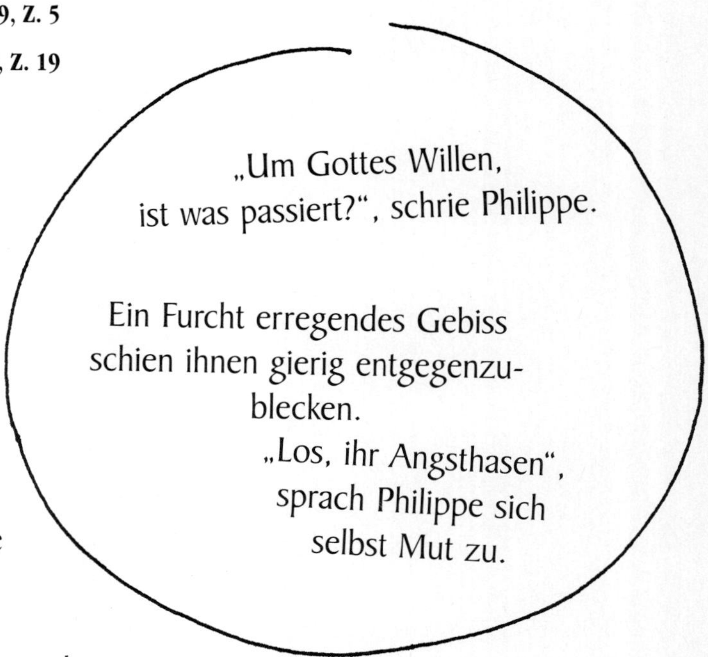

Eine Postkarte
aus den Ferien

Isabelle schreibt einen Brief an ihre Freundin in Paris. Was hat sie bisher erlebt? Wovon könnte sie berichten?

Schreibe die Karte für Isabelle. Klebe dann die Postkarte auf Pappe und schneide sie aus.

Male auf die Rückseite ein Bild von der Landschaft oder dem Ort, in denen die Handlung spielt.

In einer *Tropfsteinhöhle*

Beschrifte das Bild.
Wenn du Schwierigkeiten hast, können dir die Seiten 78 bis 80 im Buch weiterhelfen.
Klebe das beschriftete Bild in dein Steinzeitheft.

Woraus bestehen die Tropfsteinsäulen und wie „wachsen“ sie?

Wie lange dauert es, bis sie um 1 cm zunehmen?

Berechne, wie lange es dauert, bis sie eine Länge von ca. a) 1 m und b) 1,50 m erreicht haben?

Bilde selbst eine Tropfsteinhöhle als Diorama nach. Mache dir zuerst Gedanken über ein geeignetes Material.

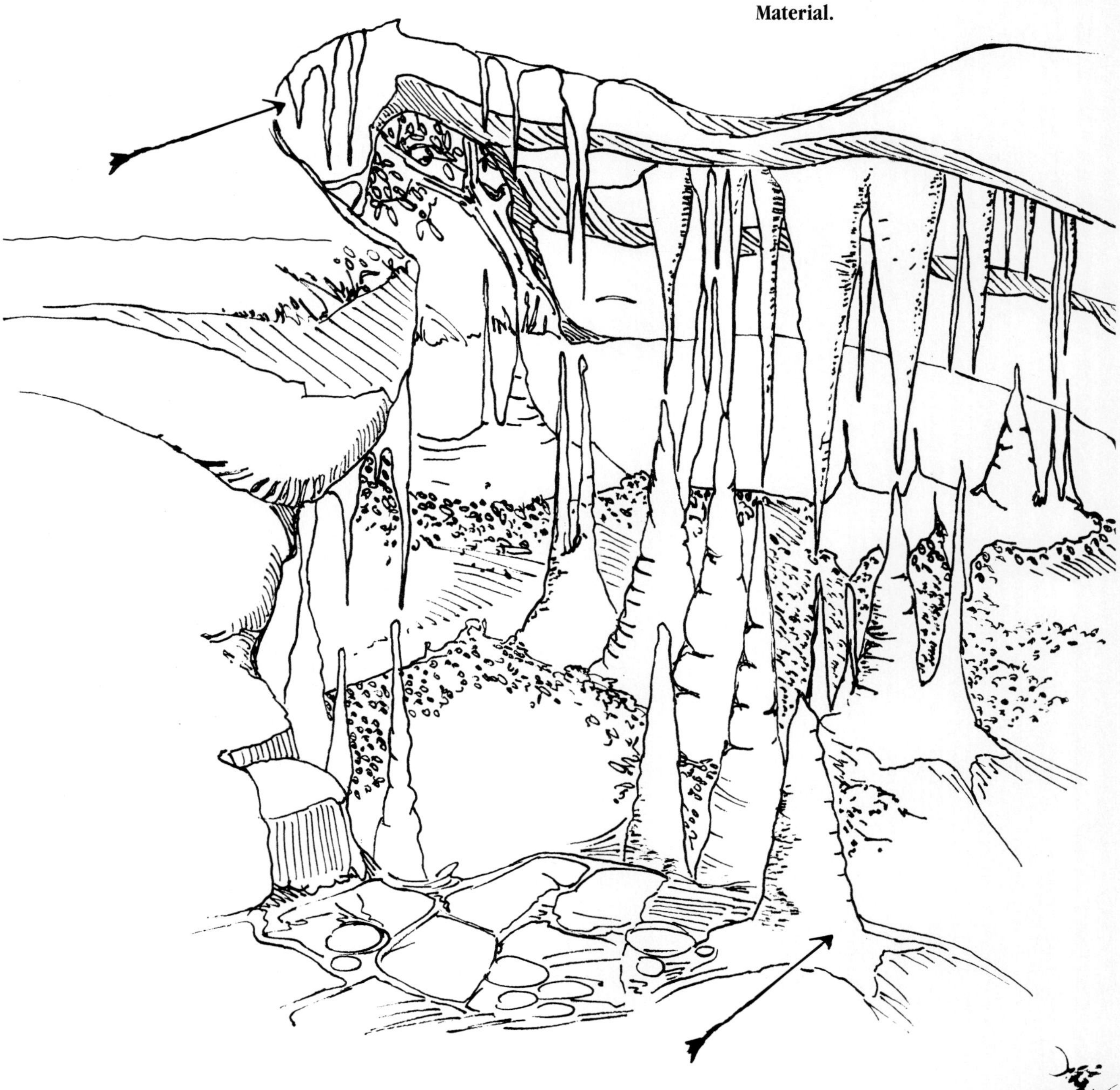

Symbole in Steinzeithöhlen

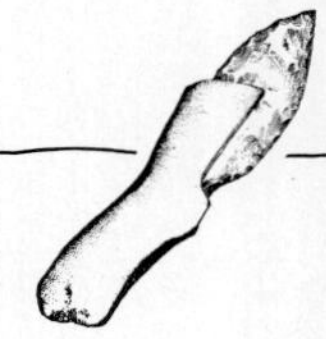

An Höhlenwänden sind meist gemalte, manchmal auch gravierte schematisierte Zeichen und Symbole zu sehen. Oft erscheinen sie in schmalen, entlegenen Gängen, als sollten sie verborgen bleiben, oder sie befinden sich neben Tierbildern. Formen, die an gefiederte Pfeile erinnern, findet man auch über Tierkörpern angebracht. Es dürfte sich allerdings kaum um Pfeile handeln, weil derartig lange, gezähnte Pfeil- oder Harpunenspitzen erst viel später auftraten. Was die Verbindung mancher Symbole und Zeichen mit Tierbildern bedeutet, kann man heute nicht mehr erkennen. Die vereinzelten oder zu Gruppen oder Linien zusammengefügten Punkte werden als Wegzeichen gedeutet. In der Höhle Niaux entdeckte man über dem Wasserspiegel des unterirdischen Sees Punkte, die den Eindruck schwacher Fingerabdrücke erwecken. Es scheint, als habe hier jemand mit dem Finger Striche oder Punkte hinterlassen als Zeichen dafür, dass er diese gefährliche und entlegene Stelle schwimmend erreicht hatte. Viel Rätselraten gab es um die geheimnisvolle „Inschrift“ aus der Höhle La Pasiega, auf der zwei durch Stäbe gestütze Linien mit je zwei Bogen und zwei Senkrechten an der Seite zu sehen sind. Leider ist die Bedeutung dieser Zeichen noch nicht geklärt.

Welche dieser Symbole erinnern an die Beschreibung aus dem Buch (S. 81f.)?

Zeichne das Symbol, das Regis gefunden hat, in dein Steinzeitheft. Verwende dabei auch die beschriebene Farbe.

Welche Erklärungen finden Regis und Isabelle für die Bedeutung des Symbols? Schreibe sie auf!

Überlegt, was die anderen Symbole auf diesem Blatt bedeuten könnten. Die Wissenschaftler sind sich hierüber noch nicht im Klaren.

„Inschrift“ aus der Höhle La Pasiega (Spanien). Es gelang noch nicht, die Symbole zu enträtseln.

punktförmige Symbole aus der Höhle Niaux (Frankreich)

geometrische Symbole aus Altamira (Spanien)

Das *Mammut*

Beschreibe das Mammut. Sieh dir dazu das Bild genau an und berücksichtige auch folgende Informationen:

- das am besten erforschte prähistorische Tier
- Größe: 2,40 bis 3,50 m
- Gewicht: 80 bis 120 Zentner
- Nahrung: täglich 3–5 Zentner pflanzliche Nahrung
- dichtes, langhaariges Fell (als Kälteschutz)
- kleine Ohren und kleiner Schwanz (konnten so nicht erfrieren)
- ständig nachwachsende Stoßzähne (als Abwehrwaffen und Schneeschieber eingesetzt)

Die Steinzeitmenschen haben nicht nur das Fleisch des Mammuts gegessen, sondern das ganze tote Tier verwertet.

Überlege, welche Körperteile (linker Kreis) verarbeitet wurden, um die Gegenstände (rechter Kreis) herzustellen. Verbinde.

Backenzähne
Sehnen
Fell
Stoßzähne
Magen/Darm

Zelte
Kleidung
Beutel (nach Trocknung)
Wurfwaffen
Nähgarn/Band
Stangen für den Zeltbau
Schuhe

Die *Techniken* der Höhlenmaler

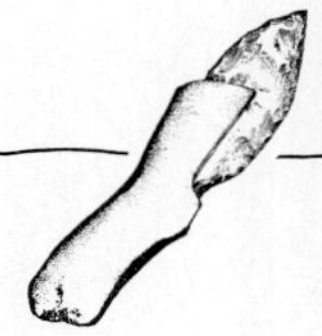

Magische Bilder

Vor 10 000 bis 20 000 Jahren waren die Gletscher schon auf dem Rückzug und Graslandschaften breiteten sich über weite Gebiete Europas aus. Noch lebten die letzten Mammuts, in großen Herden waren Rentiere und Wildpferde unterwegs. Die Menschen der Eiszeit ernährten sich von ihnen und folgten ihren jahreszeitlichen Wanderungen, um ihnen mit Speeren, Pfeil und Bogen nachzustellen. Für ihre Bilder bevorzugten die Jäger und Sammler in den Höhlen die abgelegensten Räume. (...)

Das tägliche Leben spielte sich damals unter Felsdächern, in Zelten aus Tierhäuten oder allenfalls im sonnigen Eingangsbereich mancher Höhlen ab. Man vermutet, dass die Höhlen als kultische Plätze für Rituale genutzt wurden. Motiv der Grotten-Bilder sind hauptsächlich die Tiere des Lebensraums, die gejagt wurden – Mammut, Nashorn, Ren, Wisent, Wildpferd, Hirsch und Steinbock. Abbildungen von Pflanzen gab es gar nicht, von Menschen kaum. Gemalt wurde mit Erdfarben wie Ocker und Rötel – und mit schwarzer Manganerde. In einer nordspanischen Höhle wurde das Atelier eines Eiszeitkünstlers so aufgefunden, als hätte er es gerade verlassen: Die Farben lagen nebeneinander, geordnet von hell bis ganz dunkel. Daneben standen Reibschalen aus Stein, auf denen der Künstler – oder die Künstlerin – die Farben vermutlich mit Tierfett oder Blut angerührt hat. Als Pinsel wurden Röhrenknochen, Tierhaar-Büschel oder Federn benutzt – und die Finger. Mitunter haben sich Maler aus mehreren Jahrtausenden nacheinander in ein und derselben Höhle verewigt. So sind auf einer Felswand zum Teil bis zu vier Malschichten übereinander zu sehen oder Tierarten nebeneinander, die nicht in den gleichen Klimaperioden gelebt haben. Die naturgetreue und oft lebensgroße Wiedergabe vieler Tiere wirkt überwältigend. Die Felsmaler müssen sie sehr genau beobachtet haben. Aber diese Höhlenkunst entstand nicht der schönen Darstellung wegen. „Der sehr sensible Umgang mit der Tierwelt, der aus diesen Bildern spricht, lässt ahnen, dass die Jagdtiere mehr als nur Fleischlieferanten waren“, sagt Prof. Ralf Busch, Direktor des Helms-Museums in Harburg. „Die Menschen der Altzeit waren total abhängig von ihnen.“ Vielleicht versuchten die Jäger, Macht über die Tiere zu gewinnen, indem sie sie auf Felswände bannten. Möglich ist auch, dass die Jäger sich durch die Darstellung ihrer Opfer mit deren Geistern versöhnen wollten – es gibt verschiedene Interpretationen.

Barbara Wessel und Michael Rudert:
„Auf einer Wand vor unserer Zeit“,
in: Hamburger Abendblatt,
4./5. Februar 1995

„Steinzeit-Graffiti“

Einen völlig anderen Ansatz zur Deutung der Höhlenkunst verfolgt Michel Lorblanchet. Während eines längeren Forschungsaufenthaltes in Australien ließ er sich von den Aborigines in der Kunst des Felsbildmalens unterweisen.

Er lernte, dass zerriebene Holzkohlestückchen oder Mineralien meist einfach in den Mund genommen, mit Speichel vermischt und auf die Wand gesprüht werden. Nun beherrscht auch Lorblanchet diese Technik und weiß, wie die Hand als Schablone einzusetzen ist, um langgezogene Linien zu erzeugen. (...)

Das ganze Interpretationsschema des 60-jährigen änderte sich: „Jahrzehntelang haben wir geglaubt, dass die Bilder als Objekte der Betrachtung wichtig waren. Jetzt bin ich sicher, daß die Bild-Erzeugung, das Malen selbst, das Wichtigste war.“

Martin Meister:
„30 000 Jahre vor Picasso“,
in: GEO 6/1997, S. 40

Höhlenmalerei:
Tiere der Eiszeit

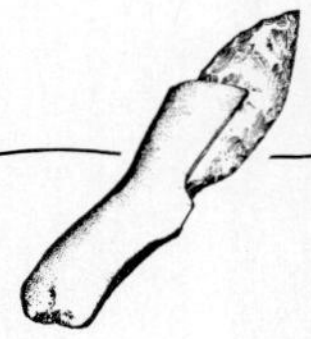

Die Jugendlichen finden in der Höhle viele Höhlenbilder.

☐ ____________________

☐ ____________________

☐ ____________________

☐ ____________________

☐ ____________________

☐ ____________________

☐ ____________________

Lest euch dazu noch einmal das Kapitel „Die unheimliche Bildergalerie“ (S. 84–96) durch.

Nummeriert dann die Höhlenbilder, die hier abgebildet sind, nach der Reihenfolge, in der sie im Buch vorkommen.
Benennt die Tiere genau (z.B. „Wildpferd“, nicht „Pferd“).

Auf S. 95, Z. 22–28 beschreibt Regis drei außergewöhnliche Motive.
Suche dir eines der Motive aus und zeichne es möglichst genau in dein Steinzeitheft.

Farben der Steinzeitmenschen

Als Farben standen den Cromagnonmenschen Naturfarben, insbesondere Erd- und Pflanzenfarben, zur Verfügung, die sie zunächst zu feinem Pulver zerstießen und dann mit Wasser oder Tierfett (aber auch mit Urin, Fischleim und Gemüsesäften) anrührten.
Auf S. 187f. des Buches erfährst du interessante Einzelheiten.

Hast du Lust, deine eigenen „Steinzeitfarben" herzustellen?

Farbe	hergestellt aus	Mischung
rot, orange, gelb, braun	Eisenoxyd (Rost)	
schwarzbraune bis schwarze Töne	Manganbioxyd	zu Pulver zerreiben und mit Leinöl verrühren
schwarz	Kohle	
weiß, grau	Kalkstein	
gelb	Gänseblümchen	
rot	Hagebutte	
blau	Blaubeere, Heidekraut	
purpur	Johannisbeeren	
grün	Brombeerblätter, Petersilie, Minze	

Pinsel

Die Steinzeitmenschen besaßen auch schon Pinsel, mit denen sie die Farben auf Steinwände übertrugen. So wird's gemacht:

- faserige Zweige
- zusammengebundene Haare
- zusammengebundene Federn

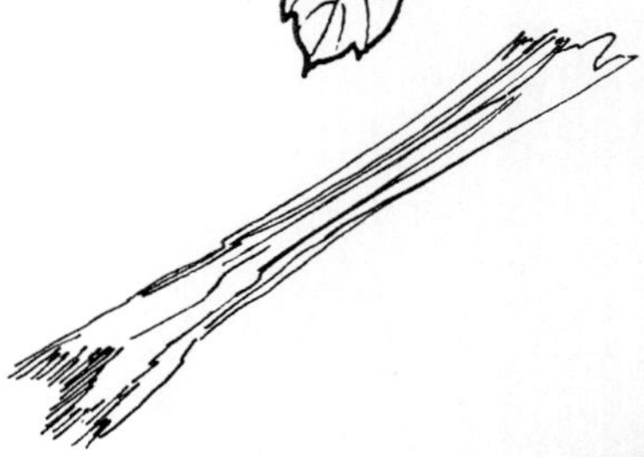

Die *Steinzeitwand*

Am häufigsten haben die Cromagnonmenschen Mammuts, Auerochsen, Hirsche, Wisente, Steinböcke oder Pferde gezeichnet. Denn diese Tiere wurden am häufigsten unter großen Gefahren für den Menschen gejagt. Fische, Vögel, Raubtiere, Menschen und Pflanzen findet man nur sehr selten als Höhlenmalerei der Mittelsteinzeit.

Ihr sollt nun selbst eine Steinzeitwand für euer Klassenzimmer herstellen. Jeder von euch überlegt sich ein Eiszeittier, dass er oder sie gerne als „Höhlenmaler" malen möchte. Ihr könnt auch ganze Jagdszenen zeichnen. Sprecht euch in diesem Fall mit einem Partner ab.

Übrigens: Die „röhrenden Hirsche" an den Felswänden waren für die Cromagnonmenschen kein „Wohnzimmerschmuck", sondern vermutlich eine Art Beschwörung der Geister für eine erfolgreiche Jagd.

Benötigtes Material:
großer Bogen graues Paketpapier (reißfest und mindestens 1 x 1 Meter groß), Steinzeitfarben und Pinsel (siehe das Blatt „Farben der Steinzeitmenschen" für die Herstellung)

So wird's gemacht:

1. Zeichnet mit Kohlestiften die Umrisse vor.
2. Färbt dann die Szenen mit den Steinzeitfarben.

(Mit angerissener und mehrfach übereinandergeklebter Pappe kann man Steinreliefs nachformen!)

Zeichnung aus:
François Davot/Henri de Saint-Blanquat:
Die ersten Dörfer, Fellbach: Union Verlag 1991, S. 25

Ein Umschlag
für das Steinzeitheft

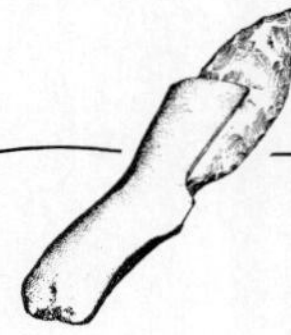

Erkundige dich, wie die Steinzeitmenschen gezeichnet haben. Zeichne auf ein passendes Stück graues Paketpapier Steinzeittiere wie die Steinzeitmenschen. Zeichne die Umrisse mit schwarzer Farbe (am besten mit einem Kohlestift) vor. Mit Fingerfarben – oder „echten Steinzeitfarben" – kannst du die Tiere dann ausmalen. Mit dem Paketpapier kannst du dein Steinzeitheft einschlagen und es schließlich beschriften.

Was ist denn das?

Die Höhlenmalereien der Steinzeit sind heute nicht immer so gut zu erkennen, wie es in dem Buch „Mit Jeans in die Steinzeit" beschrieben wird.

Stellt euch vor, ihr seid Höhlenforscher und findet an der Decke diese Zeichnungen. Beschreibt einem Partner, was zu erkennnen ist und stellt weitere Vermutungen an.

Notiert eure Ergebnisse im Steinzeitheft.

Nachzeichnung der Deckengemälde in der Höhle Altamira (Spanien)

Ölleuchten
der Steinzeitmenschen

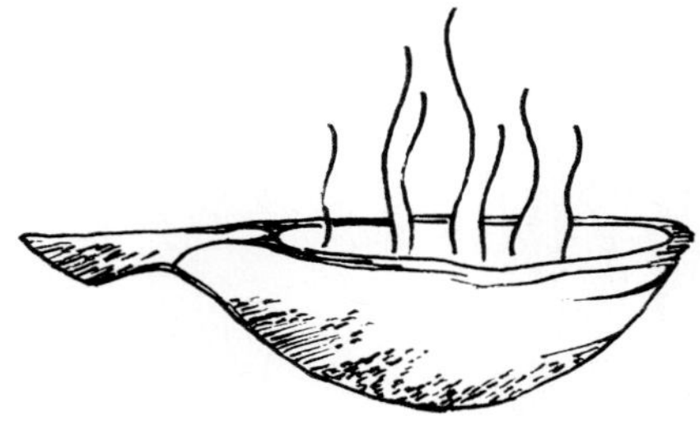

Auf S. 97f. erklärt Regis seinen Freunden die Funktionsweise einer steinzeitlichen Ölleuchte.

Lies dir diese Textstelle und auch den folgenden Text genau durch.

Aus den in den Höhlen gefundenen Überresten des Handwerkszeugs der Künstler kann man vermuten, wie ihre Arbeit ablief. Es ist denkbar, dass zwei oder drei Künstler zusammengearbeitet haben. Der Erfahrenste war der Meister und die beiden anderen gingen ihm als Gehilfen oder Lehrlinge zur Hand, indem sie sich um die Lampen, die Farben und das andere Handwerkszeug kümmerten. Die Künstler (oder Künstlerinnen!) arbeiteten die ganze Zeit bei künstlicher Beleuchtung. Ihre Lampen waren rundherum an den Wänden der Höhle auf Steinen und Felsvorsprüngen aufgestellt, ähnlich wie Altarlichter.

nach: Tom Prideaux: Der Cro-Magnon-Mensch, Time-Life International 1973, S. 103f.

Eine Ölleuchte lässt sich leicht herstellen:

Material:

Kerzenwachs, Docht, kleiner Behälter

So wird's gemacht:

- Erwärme das Kerzenwachs und lass es in den Behälter tropfen. Benutze alte Zeitungen als Unterlage!
- Dann richte den Docht in der Mitte aus.

Tipp:

Suche einen Behälter (z.B. einen ausgehöhlten Stein), der der steinzeitlichen Ölleuchte ähnlich ist.

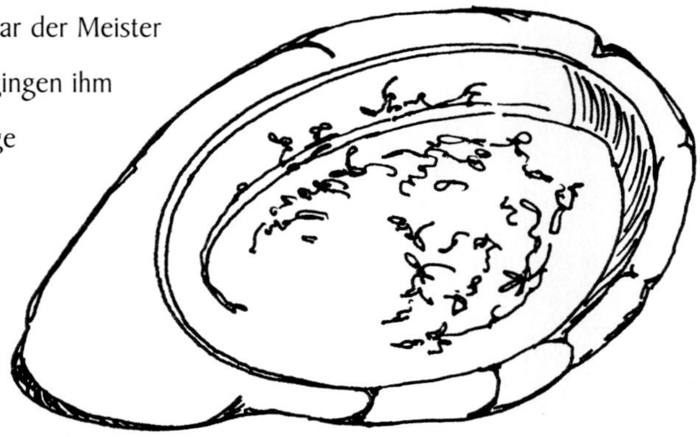

Ölleuchten, die die Cromagnonmenschen bei der Arbeit verwendeten

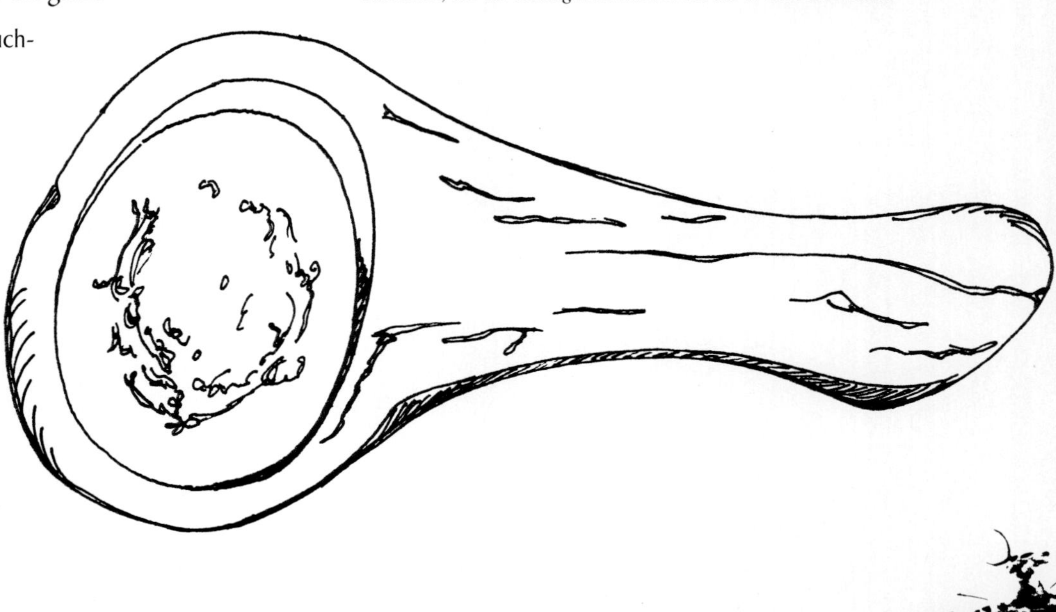

Die *Steinzeitjagd*

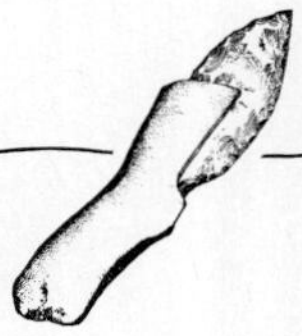

Die Cromagnonmenschen haben nicht nur einzelne Tiere, sondern ganze Jagdgeschichten gemalt. Dabei können die Bilder vor oder nach einer Jagd entstanden sein. Das weiß man nicht genau. Vermutlich haben sie aber ihr Jagdglück vor Beginn der Jagd „beschworen“, denn das machen auch heute noch einige afrikanische Buschmenschen.

Lest euch dazu noch einmal S. 94 des Buches genau durch.

Ein Cromagnonjunge will am folgenden Tag mit seiner Horde auf Jagd gehen. Am Abend davor malt er noch ein Bild an die Höhlenwand.

Wähle eines der drei Bilder aus und erzähle dazu, was er sich für den nächsten Tag wünscht und wie die Jagd aus seiner Sicht verlaufen soll: Welches Tier soll gejagt werden, wie wird es gejagt, wie viele und welche Personen sind beteiligt, welche Gefahren können auftreten, ... ? Schreibe die „Wunschjagd“ aus der Perspektive des Jungen auf.

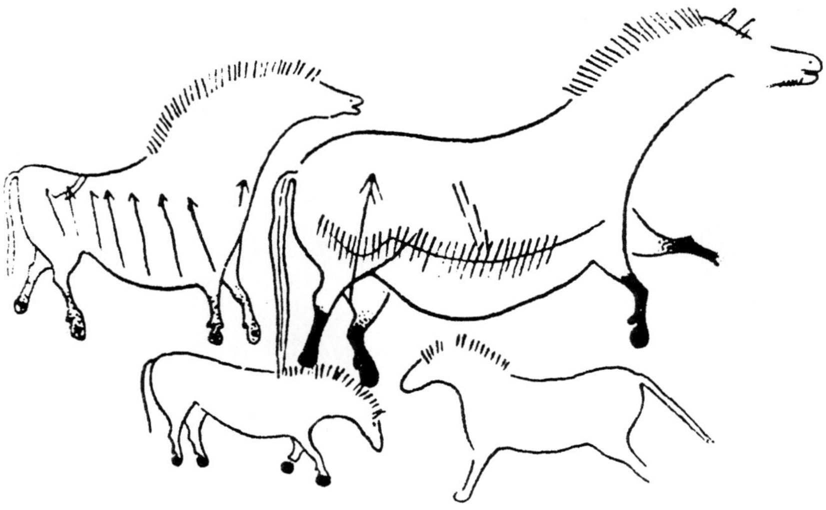

Verunglückte *Höhlenforscher*

Hier sind drei Zeitungsberichte über ein Unglück vom Juli 1996.

Lies die Texte und fasse zusammen, was geschehen ist.

2

Höhlenforscher gerettet

Grenoble. Für zwei Höhlenforscher in den französischen Voralpen ging gestern ein Alptraum zu Ende: Fast eine Woche, nachdem sie vom plötzlichen Wintereinbruch in 900 Meter Tiefe eingeschlossen worden waren, konnten zunächst ein Brite und ein Ungar geborgen werden. Zwei weitere Ungarn warteten noch auf ihre Rettung. Eine 31-jährige Britin und ein 25-jähriger Ungar kamen ums Leben.

Kieler Nachrichten vom 13. Juli 1996

3

Auch der letzte Forscher aus der Berger-Höhle gerettet

AUTRANS 15. Juli (AP). Eine Woche nach dem Höhlenunglück in den französischen Alpen ist am Sonntag der letzte noch eingeschlossene Forscher aus mehr als 500 Metern Tiefe gerettet worden. Erschöpft wurde der 29 Jahre alte Ungar mit dem Hubschrauber in ein Krankenhaus nach Grenoble gebracht. Die etwa 100 Einsatzkräfte bemühten sich danach um die Bergung der beiden Todesopfer. Wegen der großen körperlichen Schwäche des 29 Jahre alten Mannes dauerte seine Rettung länger als geplant. Die Gruppe war in der 1 200 Meter tiefen Berger-Höhle am Vercors-Massiv von einem Wassereinbruch überrascht worden.

Frankfurter Allgemeine Zeitung vom 16. Juli 1996

1

Zwei überlebende Höhlenforscher in Frankreich geborgen

ENGINS, 12. Juli (AFP). In den französischen Voralpen sind am Freitag zwei der vier Höhlenforscher geborgen worden, die seit Sonntag in einer mehr als tausend Meter tiefen Höhle eingeschlossen waren. Nach Angaben der Behörden wurde gegen 7 Uhr zunächst ein 36 Jahre alter Brite ans Tageslicht gebracht. Ein ungarischer Höhlenforscher erreichte die Erdoberfläche kurz vor Mittag. Die Amateurforscher wurden sofort mit Hubschraubern in ein Krankenhaus nach Grenoble geflogen. Den beiden Männern, die fünf Tage lang 500 Meter tief unter der Erde eingeschlossen waren, ging es den Umständen entsprechend gut. Zwei weitere Ungarn warteten noch in 900 Metern Tiefe auf Rettung. Eine 31 Jahre alte Britin und ein 25 Jahre alter Ungar waren in der Nacht zum Donnerstag tot geborgen worden. Der 36 Jahre alte Brite habe aus eigener Kraft die 500 Meter lange Strecke von einem provisorisch eingerichteten medizinischen Notlager bis zum Höhlenausgang zurücklegen können, sagte ein Helfer. Sein ungarischer Kamerad habe wegen einer Fußverletzung größere Schwierigkeiten gehabt. Die Bergungsmannschaften wollten am Nachmittag versuchen, die beiden übrigen Überlebenden zu dem Basislager in 500 Metern Tiefe zu bringen. Sie wurden seit ihrer Entdeckung in 900 Metern Tiefe an Ort und Stelle medizinisch versorgt. Die beiden Ungarn leiden an schweren Unterkühlungen und Übermüdung und können nicht gehen. Bei den komplizierten Rettungsarbeiten waren etwa hundert Mann im Einsatz. Die sechs Amateurforscher aus der britischen Universitätsstadt Oxford waren am Sonntag nach einem Gewitter von dem plötzlich steigenden Wasser überrascht und eingeschlossen worden.

Frankfurter Allgemeine Zeitung vom 13. Juli 1996

Mein *Zeitungsbericht*

Du bist Zeitungsreporter und schreibst einen Bericht über die Entdeckung der Kinder. Zwei Schlagzeilen gibt die Lektüre auf S. 232 bereits vor.

Finde diese Schlagzeilen heraus.

Welche weiteren Überschriften fallen dir für deinen Zeitungsbericht ein?

Nenne dann den Ort, das Datum, die Namen der Beteiligten und was geschehen ist:
Wie fanden die Kinder die Höhle?
Was fanden die Kinder in der Höhle?

Welche Schwierigkeiten gab es?
Zum Schluss des Zeitungsberichts solltest du das Erlebnis der Kinder kurz kommentieren. Wähle ein Bild für deinen Bericht aus oder zeichne selber eines.

Beachte: Ein Zeitungsbericht wird in der Vergangenheitsform geschrieben!

Les Eyzies Journal

Die *wörtliche Rede*

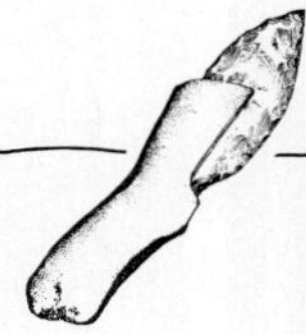

Die folgenden Aussagen der wörtlichen Rede sind - leicht verändert - der Lektüre (S. 108–112) entnommen.

Suche im Buch die SprecherInnen und setze sie ein. (Ersetze dabei „er“ und „sie“ durch die Namen der Personen.) Trage auch die fehlenden Satzzeichen ein.

Kinder, ich hab's rief ______________.

Was hast du Erschrick einen doch nicht immer so sagte ______________ unwirsch.

Aber wenn ihr abends nach Hause kommt, kann ich mich nicht mehr lange um euch kümmern meinte ______________ bedauernd.

Hier hinein, in so ein kratziges Gestrüpp verirrt sich ja doch kein Mensch musste ______________ schließlich zugeben.

Lass ihn nur ja nicht frei laufen ermahnte ______________ Isabelle.

Wahrscheinlich fällt der schon seit vielen tausend Jahren immer im gleichen Abstand, so regelmäßig wie ein Uhrpendel hin- und herschwingt vermutete ______________.

Es hat keinen Zweck meinte ______________.

So, jetzt gib aber endlich Ruhe, Jaquin redete ______________ ihm beschwichtigend zu.

Alles okay Dann wollen wir mal sagte ______________.

Was ändert sich, wenn die Begleitsätze („...“, sagte Philippe/ „...“, meinte Regis usw.) nach vorne rücken?

Neben der wörtlichen Rede verwendet der Autor Wolfgang Kuhn auch andere Erzähltechniken. Lies dir die beiden Stellen S. 109, Z. 25–S. 110, Z. 4 und S. 9, Z. 1–19 genau durch. Wer erzählt oder spricht hier jeweils?

Die *Umschlagseite*

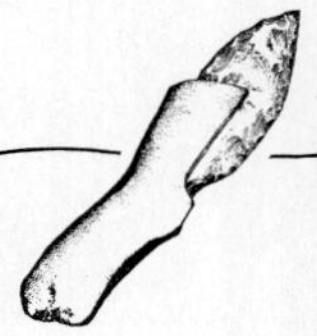

Die Umschlagseite und der Buchtitel sollen das Interesse der Leser wecken und sie dazu verleiten, das Buch zu kaufen.

Welche Informationen sind der Umschlagseite zu entnehmen? Sprecht darüber, ob ihr das Titelbild interessant findet und was euch vielleicht nicht so gut gefällt. Was ist auf dem Bild dargestellt?

Entwerft nun ein Bild, das eurer Meinung nach besser zum Buch passen könnte. Überlegt euch auch einen neuen Buchtitel, der zum Buch passt und gleichzeitig Jugendliche in eurem Alter zum Lesen des Buches „verführen“ kann.

Fußabdrücke

Anhand der in Lehm eingedrückten Fußabdrücke der Steinzeitmenschen kann man heute das Gewicht der Menschen feststellen. Außerdem schließen Wissenschaftler aus bestimmten Fußabdrücken in unterirdischen Höhlen darauf, dass Steinzeitmenschen bereits getanzt haben.

Zeichne hier die Fußspuren auf, die Philippe entdeckt. Lies dir dazu den Text auf S. 115 noch einmal genau durch!

Wie erklärt Philippe die „kegelförmigen Vertiefungen“, die in regelmäßigen Abständen die Fußstapfen begleiten? Kannst du eine weitere Erklärung dafür finden?

Das Aussehen des *Cromagnonmenschen*

Die Wissenschaftler können das Aussehen eines Cromagnonmenschen anhand seines Skeletts in etwa berechnen.

Seit ca. 40 000 Jahren unterscheidet sich dieser frühe Mensch in keinem einzigen Skelettmerkmal mehr von dem des heutigen Menschen. Dies betrifft sowohl den Bau des Schädels als auch des Körperskeletts. Auch die Größe des Gehirns war genauso groß wie bei uns. Den einzigen erkennbaren Unterschied findet man im Körperbau. Das Skelett des Cromagnonmenschen lässt auf einen etwas kräftigeren Körperbau schließen.

Isabelle begegnet den Cromagnonmenschen in der Höhle (S. 184f.). Beschreibe mit eigenen Worten das Aussehen dieser frühen modernen Menschen und vervollständige dann die Zeichnung.

Wie hatte sich Isabelle die Cromagnonmenschen in ihrer Fantasie vorgestellt?

Sprache und Musik der Steinzeitmenschen

Die Sprache und die Musik der Steinzeitmenschen lassen sich bei Ausgrabungen natürlich nicht finden.

Allerdings hat man Höhlenzeichnungen gefunden, die 40 000 Jahre alt sind und auf denen Menschen scheinbar tanzen. Es wurden auch Geräte gefunden, die wahrscheinlich von den Steinzeitmenschen als „Musikinstrumente“ benutzt wurden. So entdeckten Forscher in einer Höhle den Oberschenkelknochen eines Höhlenbären, der Bohrlöcher wie bei einer einfachen Flöte aufwies. Wissenschaftler schließen heute von der Musik und der Sprache von afrikanischen Urvölkern auf die Geräusche der Steinzeitmenschen.
Im Buch werden Geräusche und Tanz der Cromagnonmenschen auf den Seiten 183–191 beschrieben.

Lest die angegebenen Seiten genau durch.

Versucht, die verschiedenen Geräusche und „Kehllaute“ nachzumachen. Wenn euch das gut gelungen ist, dann nehmt eure Geräusche auf Kassette auf.

Probiert auch den Tanz einmal auf dem Schulhof aus.

Bei Cogul in Spanien gefundene Malerei, die tanzende Frauen darzustellen scheint (7–10 000 Jahre alt)

Steinzeitskizzen – Informationen

Auf den Seiten 194, Z. 1–195, Z. 10 macht Isabelle eine außergewöhnliche Entdeckung.

Lies dir diese Stelle des Buches noch einmal durch. Was hält Isabelle in der Hand?

In einigen Höhlen mit Wandmalereien sind tatsächlich auch kleinere Gegenstände entdeckt worden, die mit Gravierungen desselben Stils versehen waren. Manchmal ist ihre Ähnlichkeit sogar so groß, dass Wissenschaftler annehmen, sie stammen von der Hand eines einzigen Künstlers. Ein solcher Fall ist aus der Höhle Altamira bekannt. Der fein gravierte Hirsch an der Wand und die Knochengravierung eines Hirschkopfes im Höhleneingang sind sich sehr ähnlich. Noch interessanter ist, dass man gleichartige Hirschkopfgravierungen auch in der Höhle El Castillo in Spanien gefunden hat – allerdings in einer Schicht, die einem anderen Zeitraum zugerechnet wurde.

nach: Jan Jelínek: Das große Bilderlexikon des Menschen in der Vorzeit, Gütersloh: Bertelsmann Lexikon-Verlag 1973, S. 471

Abbildung einer Hirschkuh aus der Höhle Altamira (Spanien)

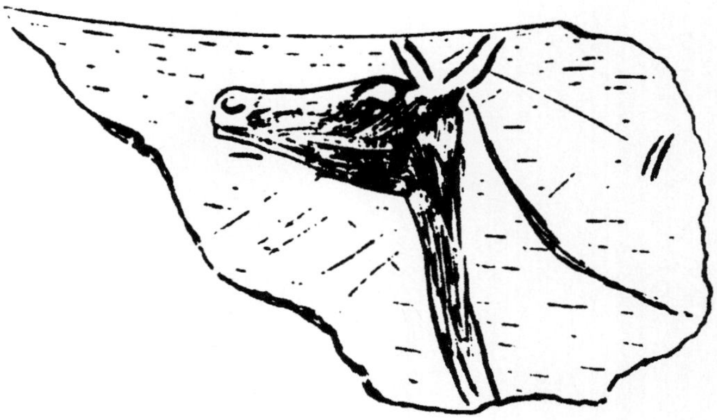

gravierter Kopf einer Hirschkuh aus Altamira

Worin bestehen die Ähnlichkeiten der beiden Bilder auf diesem Blatt? Vergleicht auch mit einer „echten“ Hirschkuh. Was stimmt nicht?

Überlegt, welche Schlüsse die Wissenschaftler aus den genannten Funden ziehen könnten.

Meine *Steinzeitskizze*

Jetzt wisst ihr schon eine ganze Menge über die „Steinzeitskizzen" der Cromagnonmenschen.

Habt ihr Lust, selbst eine solche Skizze herzustellen?

Benötigtes Material:
Gips, Wasserfarben, stabiler dünner Holzstab, Unterlage (Pappteller, Untertasse o. Ä.), Papier (mindestens DIN A4)

So geht es:

- Rühre eine Gipsmasse an, gieße sie auf die Unterlage und lasse sie trocknen. Achte darauf, dass die Masse eine möglichst glatte Oberfläche hat.
- Überlege dir ein Motiv. Ritze dann mit dem Holzstab die Umrisse einer Höhlenzeichnung in den Gips ein.
- Wenn deine Steinzeitskizze fertig ist, kannst du sie mit Wasserfarben anmalen. Versuche einmal sie als Stempel zu benutzen!
- Um eine Skizze handelt es sich eigentlich erst, wenn du jetzt das eingeritzte Motiv möglichst genau auf ein größeres Blatt Papier überträgst. Welche Probleme tauchen beim Nachmalen oder Nachzeichnen auf?

Blick durch den *Abri*

Lies dir noch einmal den Text auf S. 197 ab Zeile 20ff. durch. Zeichne Isabelles Blick „durch den Abri wie durch ein weit offenes Tor“!

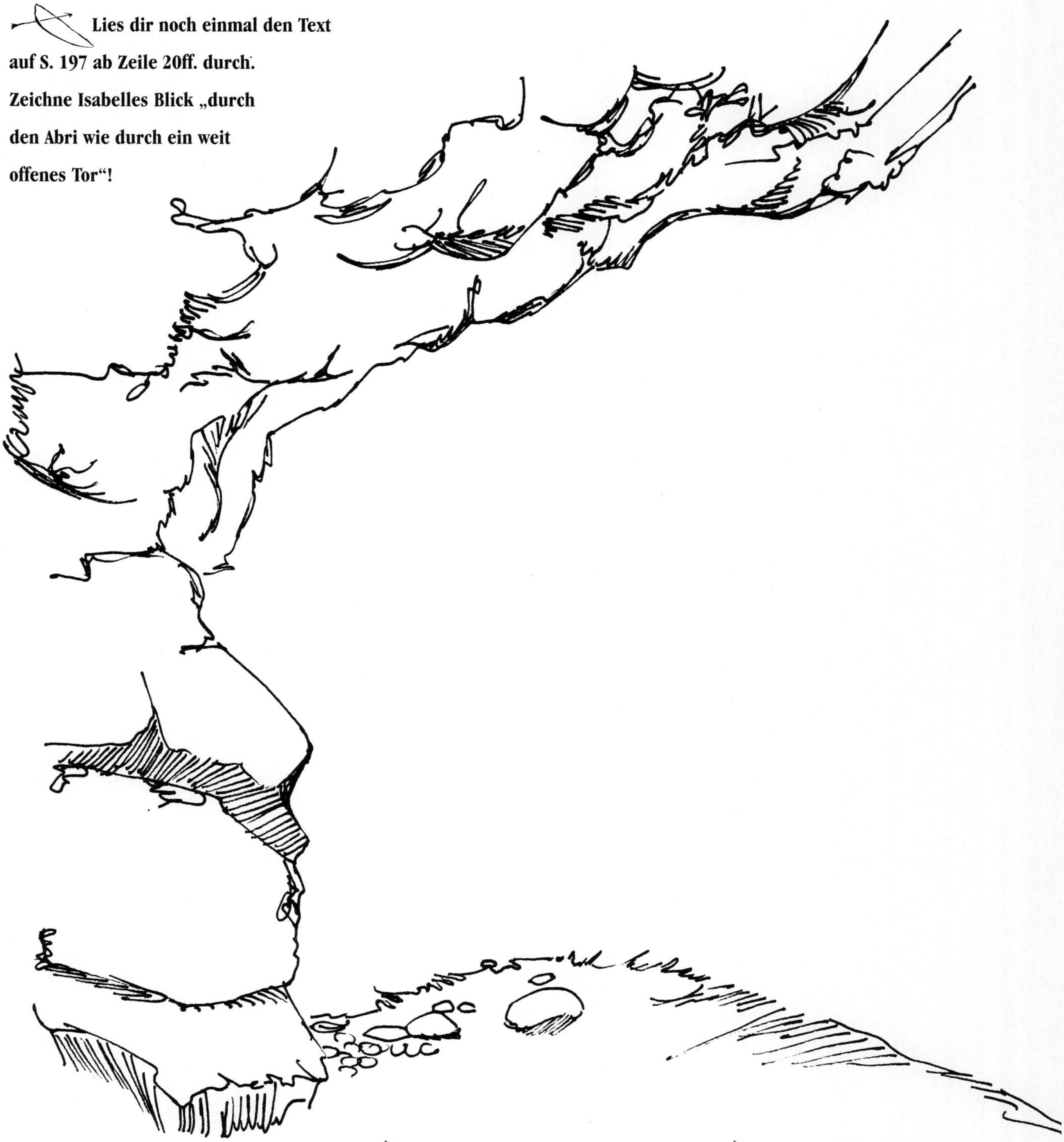

Findest du in deinem Geschichtsbuch oder in einem anderen Buch auch die Abbildung einer Eiszeitlandschaft?

Klebe den Blick durch den Abri in dein Steinzeitheft.

Die *Erfindung* des *Feuers*

Als Isabelle der Cromagnonfamilie unter dem Abri „begegnet“, sieht sie auch deren sorgfältig angelegte Feuerstelle (S. 198).

Die gezielte und absichtliche Entfachung von Feuer wurde bereits vom Homo erectus vor ungefähr 400 000 Jahren eingesetzt. Während das Feuerschlagen (A) in der Altsteinzeit betrieben wurde, stammt das Feuerbohren (B und C) aus der Jungsteinzeit. Feuer ohne Streichhölzer, Feuerzeug und andere moderne Hilfsmittel zu erzeugen, ist – wie ihr merken werdet – gar nicht so einfach.

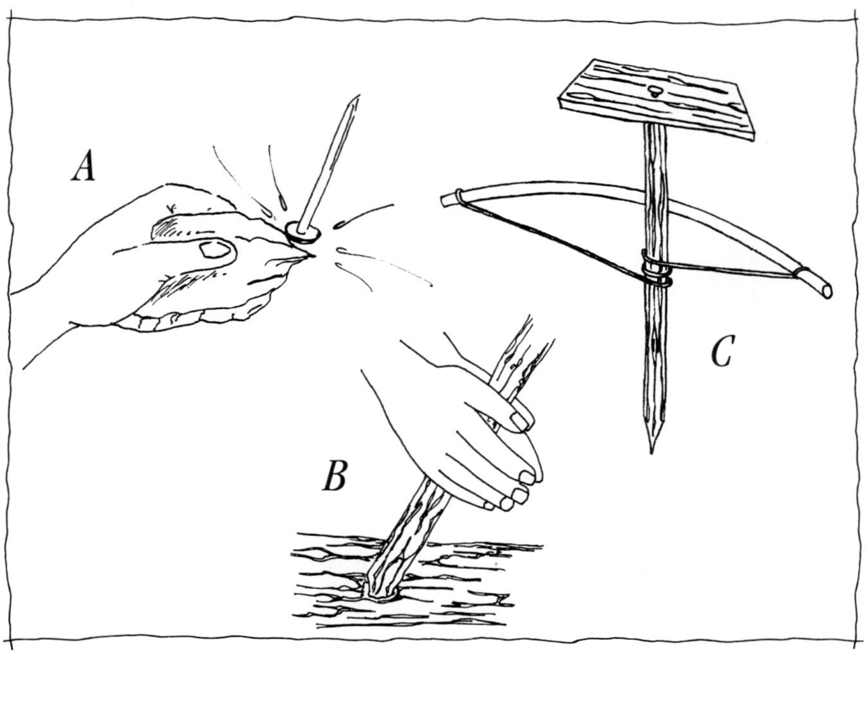

Benötigtes Material:

für A: ein Feuerstein; ein Stück Stahl (z.B. Messerrücken oder Stahlnagel); leicht brennbares Material (z.B. Sägespäne, trockenes Gras o.Ä.)

für B: Holzstab aus Hartholz (20–30 cm lang); Weichholzbrett mit Bohrung, die dem Durchmesser der Holzstabspitze entspricht; leicht brennbares Material; Fächer aus Federn oder anderen Naturmaterialien

für C: wie Material für B; zusätzlich: weiteres, etwas kleineres Brett mit Bohrung, die dem Durchmesser des Holzstabes entspricht; biegsamer, aber stabiler Stock (ca. 30 cm lang); Kordel oder Nylonfaden (etwas länger als der Stock)

So geht es:

A: Haltet den Feuerstein in einer Hand und schlagt von oben mit der anderen Hand mit einem Stück Stahl an der Seite des Feuersteins entlang (stark, aber vorsichtig). Direkt darunter liegt das brennbare Material, in das die entstehenden Funken fallen. Fängt das Material an zu glimmen, solltet ihr den Funken durch vorsichtiges Pusten anfachen. Diese Technik ist nicht einfach und braucht Übung. Achtung: Durch das Schlagen können Teile des Steins absplittern – also nur mit Schutzbrille arbeiten.

B: Der Holzstab wird auf die Bohrung gesetzt und zwischen den Händen möglichst schnell hin und her gedreht. Sobald es euch gelingt, durch die Reibung Glut zu erzeugen, könnt ihr das brennbare Material beigeben. Außerdem kann vorsichtiges Pusten oder Zufächern von Sauerstoff die Entzündung einer Flamme erleichtern.

C: Seht euch die Zeichnung genau an und stellt mit den angegebenen Materialien eine urzeitliche „Bohrmaschine“ her. Mit dem um den Holzstab geschlungenen Bogen kann die Drehgeschwindigkeit erhöht und damit die Reibung verstärkt werden. Das oben angebrachte Brett macht die Konstruktion stabiler.

Steinzeitrezepte I
von Susanna Schwark

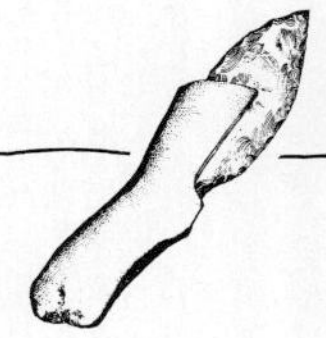

In den Mägen der Steinzeitmenschen konnte man auch einige Lebensmittelreste finden. Der Nahrungsmittelplan bestand aus: frischen und getrockneten Früchten und Beeren, wilden Getreidekörnern, Fleisch (z.B. vom Mammut), Fisch und auch Muscheln. Die folgenden Rezepte basieren größtenteils auf Nahrungsmitteln, die es vor 20 000 Jahren bereits gab. Genau kann jedoch heute niemand sagen, wie die Menschen damals ihr Essen angerichtet haben.
Die Rezepte sind einfach und mit wenigen Hilfsmitteln anzurichten. Sprecht untereinander ab, wer welche Zutaten besorgt und wer später welche Aufgaben bei der Zubereitung übernimmt. Lest euch die Rezepte gut durch, bevor ihr mit der Zubereitung beginnt.

Getränke

Brombeerblättertee
Schafgarbentee
Apfelschalentee
Hagebuttentee
Pfefferminztee

Zubereitung:

Blätter mit kochendem Wasser übergießen und ca. 5 Minuten ziehen lassen. Von getrockneten Blättern nimmt man je nach Geschmack 1–2 TL für einen halben Liter, von frischen Blättern 2–3 EL.

Energiekugeln

Wilde Getreidesorten, Wildhonig und Früchte gab es damals bereits.

Zutaten:

150 g *Weizen- oder Dinkelvollkornschrot*
50 g *gehackte Haselnüsse*
50 g *Rosinen oder anderes Trockenobst, wie z.B. Apfelringe, Feigen, Beeren, Pflaumen (etwas einweichen, sodass man sie gut in kleine, rosinengroße Würfel schneiden kann)*

30 g *Haferflocken oder Haferschrot*
Sonnenblumenkerne
4 EL *Sanddornsaft (Reformhaus) oder Zitronensaft*
120 g *Wasser*
1–3 TL *Honig (es schmeckt jedoch auch ohne Honig süß, besonders wenn ihr die Kugeln lange und fein zerkaut)*

Zubereitung:

Alle trockenen Zutaten gut vermischen, dann Wasser und evtl. Honig hinzufügen und alles gut miteinander verkneten, sodass sich walnussgroße Kugeln formen lassen. Wenn der Teig zu bröckelig zum Formen ist, müsst ihr noch etwas mehr Wasser beigeben.
Die Kugeln über Nacht oder länger im Warmen (z.B. auf der Heizung) trocknen lassen. Dann könnt ihr Energie tanken: guten Appetit!

Knusper-Fladenbrote

Zutaten:

250 g *Weizenvollkornmehl*
ca. 100 g *Wasser*
½ TL *Salz*
1 ½ EL *Sonnenblumenöl*
je ½ TL *gemahlenen Koriander und Kümmel*

Zubereitung:

Ofen auf 250 °C vorheizen. Aus allen Zutaten einen festen Teig kneten, der nicht mehr klebt, aber auch nicht bröckelig ist. Den Teig ca. 20 Minuten ruhen lassen. Dann jeweils eigroße Teigmengen mit einer bemehlten Teigrolle auf einer mit Mehl bestreuten Arbeitsfläche etwa 2 mm dick ausrollen und auf ein mit Mehl bestäubtes Backblech legen. Ungefähr 10 Minuten backen. Die ausgerollten Fladen kann man auch in einer trockenen heißen Eisenpfanne auf dem Herd backen – dann zwischendurch einmal umdrehen. Die Fladen lassen sich übrigens auch auf ganz heißen Steinen backen, die ein Cromagnonmensch zuvor in der Asche eines Lagerfeuers erhitzt hat. Die abgekühlten Fladen könnt ihr gut in einer Dose aufbewahren und wie Knäckebrot essen.

Steinzeitrezepte II
von Susanna Schwark

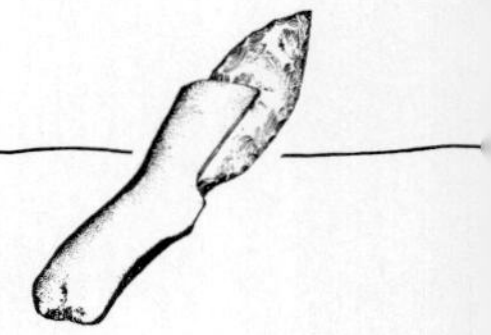

Steinzeitsalat

Die Steinzeitmenschen haben sich auch von einfachen Blättern und Wurzeln ernährt.

Zutaten für eine Cromagnonfamilie von vier Personen:

ca. 400–500 g *einer Mischung aus Löwenzahnsalat, Rauke, Feldsalat, Pflücksalat, Sauerampfer, Topinamburknollen, Möhren oder Mairübchen (je nachdem, was gerade zur Verfügung steht)*
1 EL *Sonnenblumenkerne*
Dressing: **2 EL** *Öl*
2 TL *Obstessig*
2 EL *Wasser*
1 Löffelspitze *Honig*
1 Prise *Salz*
frisch gehackte Kräuter

Zubereitung:

Salatblätter und Wurzeln waschen, putzen und klein schneiden. Alles vermischen und mit dem Dressing vermengen. Sonnenblumenkerne in trockener Pfanne ohne Fett leicht rösten und über den Salat streuen.

Möhrensuppe

Für solche Suppen wurden früher vermutlich wilde Wurzeln verwendet.

Zutaten für einen Cromagnonmenschen:

1–2 *große Möhren, Wurzeln oder Pastinaken*
¼ l *Wasser oder Gemüsebrühe*
frisch gehackte Petersilie
Salz (sehr kostbar)

Zubereitung:

Möhren waschen, gut abbürsten oder schälen, in dünne Scheiben schneiden und in dem Wasser oder der Gemüsebrühe ca. 10 Minuten kochen, bis sie weich sind. Mit einer Prise Salz abschmecken und mit fein gehackter Petersilie bestreuen.

Herbstlicher Obstsalat

Zutaten für eine Cromagnonfamilie von vier Personen:

2 Äpfel
2 Birnen
1 Hand voll Pflaumen
1 Hand voll Weintrauben
etwas Honig

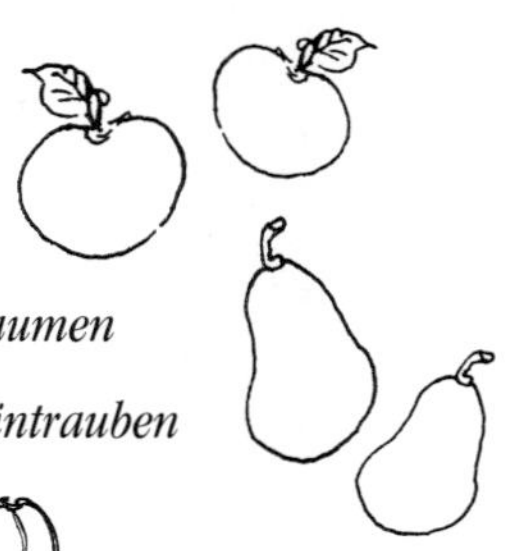

Zubereitung:

Die Zutaten waschen, klein schneiden und vermengen. Mit wenig Honig süßen.

Süße Getreidegrütze

Besonders als „Cromagnon-Frühstück“ geeignet.

Zutaten:

40 g *(4 leicht gehäufte EL) geschrotete Dinkelkörner (ersatzweise auch Dinkel- oder Haferflocken)*
getrocknete oder frische Äpfel
1 TL *Rosinen*
1 TL *gehackte Haselnüsse*
1 Prise *Salz*

Zubereitung:

Dinkelschrot über Nacht in wenig Wasser im Kühlschrank einweichen. Am Morgen zusammen mit den übrigen Zutaten in einen kleinen Kochtopf geben, mit Wasser gerade bedecken und zum Kochen bringen. Auf niedriger Stufe etwa 10 Minuten über dem Feuer oder auf dem Herd zugedeckt köcheln lassen.

Überlegt, wo und wie die Steinzeitmenschen ihre Nahrungsmittel gefunden haben. Aus welchen Gründen lebten sie als „Nomaden“?

Steinzeitcomic

Lest Isabelles „Reise in die Steinzeit“ (S. 174–202).

Jede/r wählt nun einen der Sätze auf diesem Blatt aus, zu dem er oder sie ein Bild zeichnen möchte. Seht euch dazu noch einmal die betreffende Textstelle im Buch an.

Klebt die fertigen Bilder in der richtigen Reihenfolge auf ein Plakat und beschriftet es.

Vielleicht fallen euch noch weitere Szenen ein!

Zeichnung: Michael Olschowy © Deutscher Taschenbuch Verlag, München

Isabelle begegnet den Höhlenbären.

Ein Mann beleuchtet mit einer Lampe eine Wandfläche.

Isabelle blickt auf eine Eiszeitlandschaft.

Der Mann zeichnet die Umrisse eines Bisons.

Ein jüngerer Mann stellt Farben her.

Isabelle findet eine Steinskizze.

Die Männer beginnen zu tanzen.

Jaquin springt durch eine neue Gangöffnung in Isabelles Arme.

Isabelle wird verfolgt.

Isabelle nähert sich „sechs oder acht“ Cromagnonjägern.

Ein Mann schlägt Feuersteinknollen.

Sie sieht eine Großfamilie unter dem Abri.

Isabelle schneidet sich ein Stück vom Braten ab.

Zwei Männer tragen einen Hirsch.

Skelettfunde

Die zahlreichen Skelettfunde der Höhlenforscher bieten auch die Möglichkeit, eine Vorstellung über die Lebenserwartung und den Gesundheitszustand der frühen Menschen zu gewinnen. Ihr Durchschnittsalter betrug 30 Jahre; Menschen, die älter als 50 Jahre wurden, kamen nur selten vor. Der Gesundheitszustand der Steinzeitmenschen war sogar den Umständen entsprechend gut. Dies beweisen zwei Tatsachen: ausgesprochen krankhafte Knochenfunde sind viel seltener als mit Unfallfolgen belastete. Auch der Zustand des Gebisses war meist sehr gut: Zahnschäden sind fast nie zu erkennen.

Manche Verletzungen müssen so schwer gewesen sein, dass die Betroffenen ohne fremde Hilfe nicht überleben konnten. In einer Höhle in Irak stießen Forscher bei Ausgrabungen auf das Skelett eines Mannes, dem das Leben vor 60 000 Jahren übel mitgespielt hatte. – Die Knochen rund um sein linkes Auge und die Wange waren zertrümmert. Er hatte seinen rechten Unterarm verloren, nachdem ein doppelter Knochenbruch oberhalb des Ellbogens nicht heilen wollte. Schweres Rheuma hatte sein rechtes Fußgelenk und den großen Zeh deformiert. Außerdem muss ihm etwas Schweres auf den Fuß gefallen sein. Mehrere Knochen dort waren gebrochen. Shanidar I, wie der Mann nach der Höhle genannt wird, in der seine Überreste gefunden wurden, konnte sich wahrscheinlich mit diesen viele Behinderungen nur humpelnd unter furchtbaren Schmerzen fortbewegen. Auf seinem linken Auge war er durch die Verletzung vermutlich doppelsichtig, wenn nicht sogar blind.
Zur Jagd wird der Mann nicht mehr getaugt haben. Auch bei den jahreszeitlichen Wanderungen seiner Gruppe dürfte Shanidar I ein Bremsklotz gewesen sein. Trotzdem müssen ihn die anderen mitgeschleppt haben. Alleine wäre er schnell verhungert und die Knochenbrüche etwa am Auge hätten nicht heilen können.
Innerhalb ihrer vielleicht 30 Personen umfassenden Trupps fühlten Neandertaler offensichtlich so etwas wie soziale Verantwortung für andere, auch wenn sich die Fürsorge nicht auf alle Clan-Mitglieder gleichmäßig verteilt haben dürfte. Shanidar I war um die 40 Jahre alt als er starb, für Neandertaler damals ein biblisches Alter. Schon dadurch war der Mann offensichtlich etwas Besonderes gewesen, ein Weiser vielleicht, der lebende Erfahrungsschatz des Clans, vermutet Professor Erik Trinkaus von der Universität New Mexico, einer der führenden Neandertaler-Spezialisten der Welt.

Klaus Thews: „Die Softies der Eiszeit", in: stern 24/1996, S. 54 - 68

Stellt Vermutungen an: Wieso war der Gesundheitszustand der Neandertaler so gut? Weshalb kam es kaum zu Zahnschäden?

Aus welchem Grund starben sie dennoch bereits mit durchschnittlich 30 Jahren?
Überlegt auch, wie Shanidars Verletzungen wohl entstanden sein könnten.

Was weißt du über den Gesundheitszustand der jungen Frau aus der Lektüre (S. 233)?

Bestattungsrituale

Die Neandertaler glaubten wie die Cromagnonmenschen bereits an ein Leben nach dem Tod. Daher gaben sie ihren Toten Beigaben mit ins Grab. Häufig wurden Mammutknochen als Grabbedeckung verwendet.
Durch einen Fund aus der Zeit vor etwa 30 000 Jahren weiß man, dass den Toten vor allem Schmuck – z.B. Ketten und Armbänder – und Jagdwaffen ins Grab gelegt worden sind.
Es wurde auch ein Grab gefunden, das wahrscheinlich mit Blumen geschmückt wurde, denn man fand rund um die Leichen Pollen von Frühlingsblumen.
Für viele Forscher ist dies auch ein weiterer Beweis dafür, dass die Neandertaler lange nicht so primitiv waren, wie häufig geschildert wird.
Man nimmt an, dass sich die Menschen gegenüber den Naturgewalten hilflos fühlten und Angst vor Blitz und Donner, Krankheit und Tod hatten. Sie werden sich gefragt haben, woher das alles kommt. Beim Nachdenken über diese Fragen kamen die damaligen Menschen vermutlich auf den Gedanken, dass übernatürliche Kräfte, Götter und Geister ihr Leben beeinflussten.
In diesem Gedanken liegt der Ursprung unserer Religionen.

Welche Grabbeigaben entdeckt Dr. Antony bei dem Skelett der jungen Frau? (S. 233f.)

Welche Erklärung hat Regis für die eigenartige Hockstellung der Toten? (S. 234)

Kindergrab aus der jüngeren Altsteinzeit, gefunden in Soungir. Die Kinder sind Kopf an Kopf und mit viel Schmuck bestattet.

Steinzeitschmuck

Schmuckgegenstände trugen die Steinzeitmenschen am Körper oder auf der Kleidung. Meist waren es verschiedene Anhänger, Halsbänder, Arm- und Stirnbänder.

Manchmal zeigen auch Bestattungen, wie sie getragen wurden: Schmuckstücke aus Muscheln am Kopf, wo sie offenbar das Haar schmückten, um den Hals, an der Brust, in der Gürtelgegend, am Handgelenk, Knie oder Fußknöchel. Man verwendete häufig durchbohrte Muscheln und Eckzähne von Hirschen. Als Halsschmuck dienten vor allem Zähne von Bären, Eisfüchsen und anderen Tieren, die auch mit einfach geschnitzten Ornamenten versehen waren. Seltener findet man durchbohrte Kieselsteine, Gebilde aus Mammutelfenbein, Knochen oder Lehm, Muscheln oder ausnahmsweise auch Menschenzähne als Anhängsel. Eine besondere Gruppe von Schmuckstücken bilden in der Mitte durchbohrte Scheiben, die aus den verschiedensten Stoffen hergestellt waren. In der Höhle Pair-non-Pair wurde sogar ein ringförmiger Anhänger entdeckt, von dem man nicht sicher weiß, wie er benutzt wurde.

Lest noch einmal den Text auf S. 233 über die tote Frau im Grab.

Aus welchen Materialien bestand die Kette der toten Frau und wie hat sie sie getragen?

Überlegt, wieso das Kettenband nicht mehr vorhanden ist.

Zeichnet die Kette in euer Steinzeitheft!

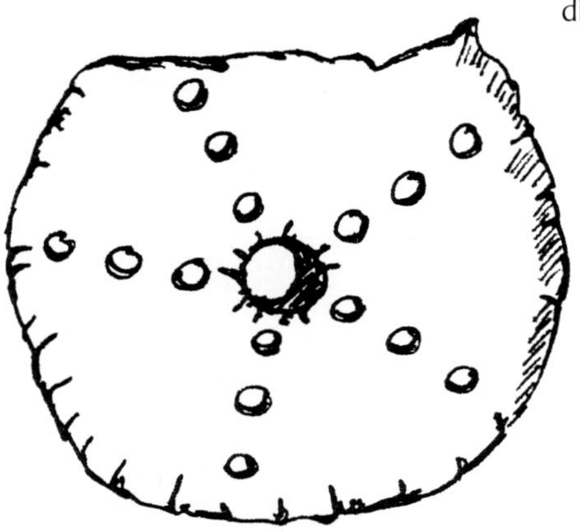

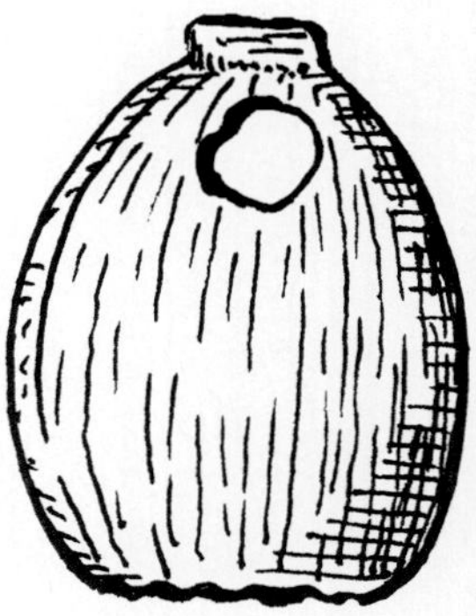

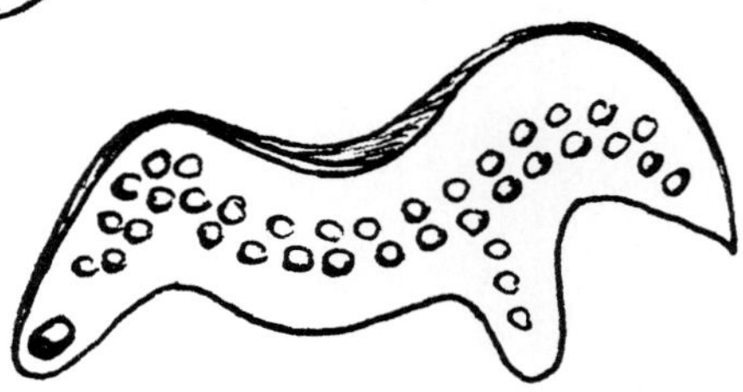

Steinzeitschmuck
selbstgemacht

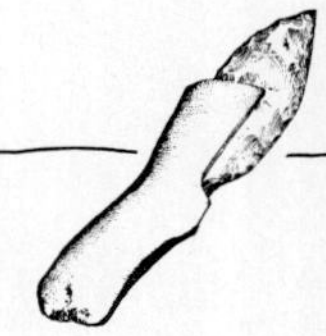

Bei und in den Gräbern der Steinzeitmenschen wurden Waffen, Geräte und auch Schmuck gefunden. Auf S. 233f. des Buches erfahrt ihr weitere Einzelheiten.

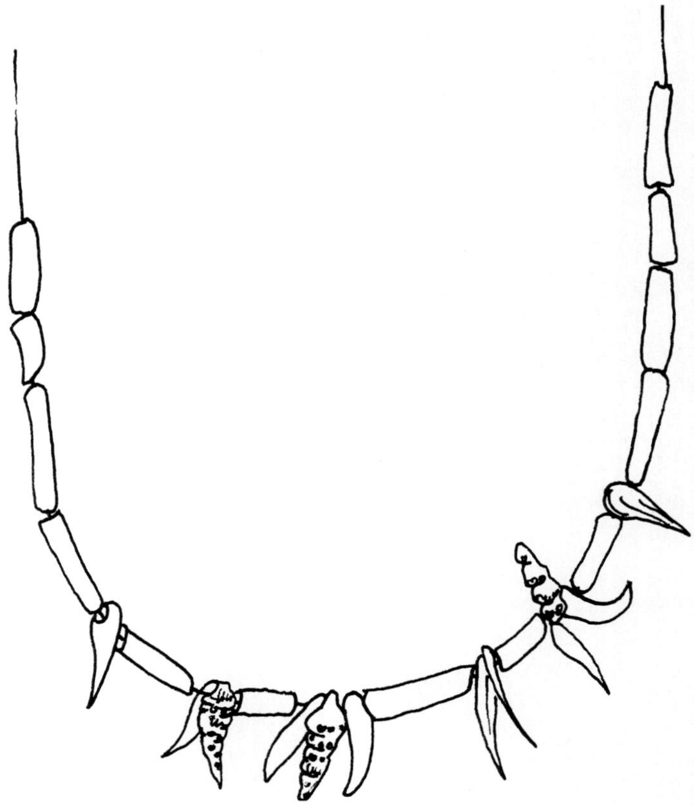

Habt ihr Lust, euren eigenen Steinzeitschmuck zu basteln?

Benötigtes Material:

Lederstreifen
weiße oder beige Modelliermasse
schmaler Holzstab (z.B. Zahnstocher oder Mikado-Stab)

So geht es:

- Forme aus der Modelliermasse Tierzähne, Muscheln oder Knochenstücke. Du kannst auch eigene Muscheln mitbringen.
- Bohre mit dem Holzstab schmale Löcher in die „Schmuckstücke".
- Die Modelliermasse muss jetzt (Packungsbeilage beachten!) entweder im Backofen gebrannt oder an der Luft getrocknet werden.
- Schneide aus dem Lederstreifen ein schmales Band aus. (In der Steinzeit musste man mit einem scharfen Stein schneiden – findest du auch ein solches Werkzeug?)
- Ziehe dann die „Schmuckstücke" auf das Lederband und knote die Kette so um deinen Hals, dass die Länge stimmt.

Die Arbeit der Wissenschaftler

Die Fundstellen

Überreste aus der Frühzeit findet man nur selten an der Erdoberfläche. Die meisten Gegenstände sind tief in der Erde versteckt. Aber eine genaue Beobachtung der Erdoberfläche gibt Hinweise auf mögliche Fundstellen. Dunkle Verfärbungen im Acker, runde Hügel im flachen Land sind solche Hinweise. Außerdem werden viele Fundstellen zufällig bei Bauarbeiten entdeckt.

Erste Entdeckungen

Die ersten Entdeckungen vorgeschichtlicher Menschen waren Zufälle. So fanden Bauarbeiter vor 150 Jahren zufällig bei Sprengungen im Neandertal bei Düsseldorf Skelettreste. Aus der eigenartigen Schädelform schlossen die Wissenschaftler, dass es sich hier um einen eiszeitlichen Menschen handeln müsse.
Die Forscher haben hin und her überlegt, wie alt die Funde sein könnten, wie die Menschen damals wohl ausgesehen und wie sie gelebt haben könnten.
Mit unserer modernen Wissenschaft kann man viele dieser Fragen nun beantworten.

Die Altersbestimmung

Es gibt verschiedene Methoden, um das Alter von Funden zu bestimmen:

- Zunächst achtet man darauf, wie tief sich die Funde unterhalb der Erdoberfläche befinden; je tiefer, desto älter.
- Biologen können aus den Blütenstaubkörnern (Pollen), die man in bestimmten Erdschichten findet, die Art des Pflanzenwuchses erkennen, die es früher schon gab.
- Schließlich gibt es noch die Radiokarbonmethode: Die Lebewesen nehmen über die Nahrungsaufnahme das Atom C-14 auf. Dieses C-14-Atom zerfällt so, dass nach ca. 5 600 Jahren nur noch die Hälfte davon vorhanden ist, nach der doppelten Zeit nur noch ein Viertel usw. Außerdem bestehen Tiere und Menschen aus dem gewöhnlichen Atom C-12, das nicht zerfällt. Aus dem Verhältnis zwischen C-14 und C-12, das bei Lebewesen zunächst überall dasselbe ist, berechnen dann die Wissenschaftler in den Überresten früherer Lebewesen, wie viel Zeit seit ihrem Tod verstrichen ist.

Die Ausgrabung

Bei Ausgrabungen wird die Erde ganz vorsichtig abgehoben. Kommen die ersten Funde ans Licht, wird sorgfältig mit feinem Werkzeug (Pinzette) weitergearbeitet, damit nichts zerstört wird. Die Funde werden sorgsam vermessen und fotografiert. Alle Funde kommen in ein Labor zur Untersuchung und Wiederherstellung.

Ein Forscher entdeckt einen Schädel. Von dem C-14-Atom ist nur noch die Hälfte vorhanden. Wie alt müsste der Schädel sein?

Wie oft muss sich das C-14-Atom geteilt haben, wenn ein Fund auf ca. 2 800 Jahre geschätzt wird?

Welches „Fundstück" will Dr. Antony untersuchen und welche Methode will er dabei anwenden? (S. 234f.)

Ein Baggerfahrer entdeckt zufällig zerbrochene Tonscherben bei seiner Arbeit. Überlegt: Was ist zu tun?

Das *Höhlenlabyrinth*

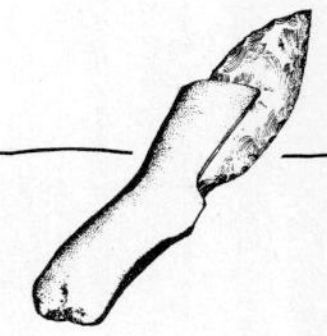

Die Höhle aus dem Buch „Mit Jeans in die Steinzeit“ gibt es nicht wirklich. Der Autor hat sich die Geschichte ausgedacht. Vielleicht hat er aber, als er seine Geschichte aufschrieb, an die hier abgebildete Höhle gedacht. Es handelt sich um die Höhle von Font-de-Gaume, die ganz in der Nähe der Stadt Les Eyzies liegt.

Kann die abgebildete Höhle von Font-de-Gaume die Höhle aus dem Buch sein?

Erstellt auf der Grundlage der Zeichnung eine eigene Skizze des Höhlenlabyrinths. Der Grundriss der Höhle soll als Schautafel vor dem Höhleneingang aufgestellt werden, damit sich die Touristen dort besser zurechtfinden. Beschriftet die Höhlenabschnitte. Ihr könnt diese Begriffe verwenden:

- der erste Höhleneingang (S. 64, Z. 27–30/S. 65, Z. 13–21)
- Felsensaal mit Bärenschädel (S. 70, Z. 15–S. 71, Z. 5)
- Tropfsteinhöhle mit steinzeitlichen Symbolen (S. 77, Z. 23–S. 78, Z. 28)
- Felsenhalle mit Höhlenmalereien (S. 83, Z. 20–S. 84, Z. 20)
- unterirdischer See mit Fußabdrücken (S. 100, Z. 13–S. 102, Z. 2
- Gabelung (S. 121, Z. 22–27; S. 147, Z. 16–30)
- Felsenraum mit Grabstelle und Feuerstelle (S. 149, Z. 12–14; S. 151, Z. 1–5)
- der zweite Eingang, den Vinaigre gefunden hat (S. 209, Z. 26–30)

Lest euch dazu ebenfalls die folgenden Textabschnitte noch einmal genau durch: S. 75, Z. 30–S. 76, Z. 6; S. 152, Z. 12–S. 153, Z. 3; S. 168, Z. 9–13; S. 169, Z. 17–26; S. 171, Z. 23–S. 172, Z. 3; S. 172, Z. 18–26.

Sprecht darüber, ob auch die Ortsangaben von S. 172–202 einbezogen werden sollen.

Es gibt wahrscheinlich verschiedene Möglichkeiten, wie die Höhle ausgesehen haben könnte. Welche Skizzen habt ihr entwickelt. Vergleicht und diskutiert in der Gruppe darüber!

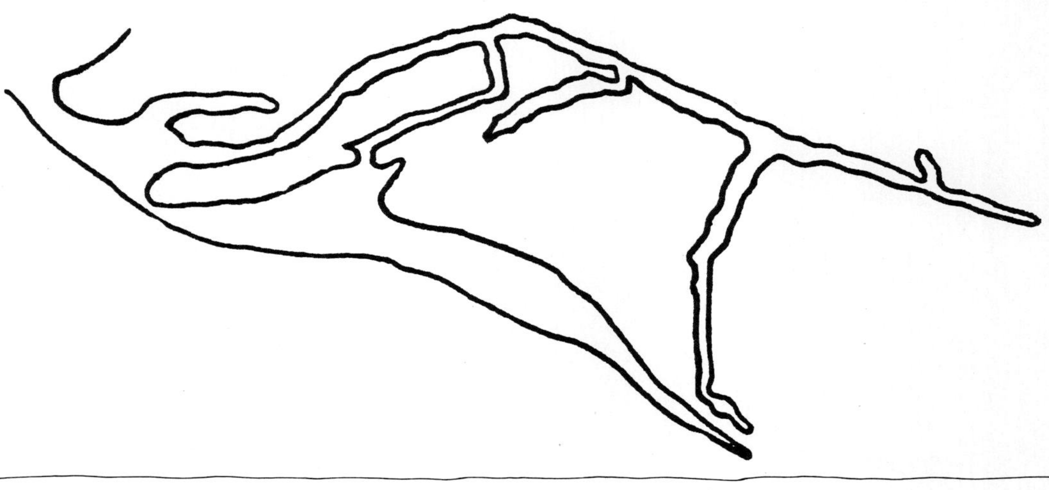

Museen

Diese Seite kann sicher nur eine Auswahl bieten. Viele Museen bieten nicht nur Ausstellungen, sondern auch handlungsorientierte Veranstaltungen für Schulklassen an. Die Vorbereitung des Museumsbesuches kann auch von den SchülerInnen mitgestaltet werden, indem sie sich um die erste Kontaktaufnahme bemühen.

88422 Bad Buchau
Federseenmuseum
August-Gröbel-Platz
Tel.: 07582/83 50
Fax: 07582/83 50

14059 Berlin
Museum für Vor- und Frühgeschichte
im Bode-Museum
Spandauer Damm 19
Tel.: 030/3 20 91-233
Fax: 030/322 64 22

10178 Berlin
Museum für Vor- und Frühgeschichte
im Bode-Museum
Bodestr. 1, Museumsinsel
Tel.: 030/209 05-0
Fax: 030/20 90 63 70
Di–So 10–18, Mo geschl.
www.smb.spk-berlin.de/d/index.html

01097 Dresden
Landesmuseum für Vorgeschichte
Palaisplatz 11
Tel.: 0351/81 44-50
Fax: 0351/81 44-666
Di–So 10–17
e-mail-Adresse: Landesamt für Archäologie
webmaster@archsax.de
www.htwm.de/archsax/museum/main.html

40822 Mettmann bei Düsseldorf
Neues Neandertal-Museum
Talstr. 300
Tel.: 02104/97 97 97
Fax: 02104/979 77 20

60311 Frankfurt am Main
Museum für Vor- und Frühgeschichte
Karmelitergasse 1
Tel.: 069/21 23 58 96
Fax: 069/21 23 07 00

06114 Halle (Saale)
Landesmuseum für Vorgeschichte
Sachsen-Anhalt
Richard-Wagner-Str. 9–10
Tel.: 0345/524 73-0
Fax: 0345/524 73 51

74072 Heilbronn
Städtische Museen
Deutschhofstr. 6
Tel.: 07131/56 31 44
Fax: 07131/56 31 94

85049 Ingolstadt
Stadtmuseum
Auf der Schanz 5
Tel.: 0841/305 18 85

93309 Kehlheim
Archäologisches Museum
Ledergasse 11
Tel.: 09441/104 09
Fax: 09441/701-229

78467 Konstanz
Archäologisches Landesmuseum
Benediktinerplatz 5
Tel.: 07531/9804-0
Fax: 07531/684 52

68159 Mannheim
Reiß-Museum der Stadt Mannheim
für Archäologie und Völkerkunde
Zeughaus/C5
Tel.: 0621/293-31 51
Fax: 0621/293- 30 99

80538 München
Deutsches Museum
(Naturgetreue Nachbildung von Altamira)
Museumsinsel 1
Tel.: 089/21 79-1
Fax: 089/21 79-324

80333 München
Bayerische Staatssammlung für
Paläontologie und historische Geologie
Richard-Wagner-Str. 10
Tel.: 089/52 03-361
Fax: 089/52 03-276

80538 München
Prähistorische Staatssammlung
Lerchefeldstr. 2
Tel.: 089/29 39 11
Fax: 089/22 52 38

48143 Münster
Archäologisches Museum
Rothenburg 30
Tel.: 0251/59 07 02
Fax: 0251/590 72 11

26135 Oldenburg
Staatliches Museum für Naturkunde
und Vorgeschichte
Damm 40–44
Tel.: 0441/92 44-300
Fax: 0441/248 91 64

24837 Schleswig
Schleswig-Holsteinisches Landesmuseum
Schloss Gottorf
Tel.: 04621/813-200
Fax: 04621/813- 202

54290 Trier
Rheinisches Landesmuseum
Weimarer Allee 1
Tel.: 0651/977 40
Fax: 0651/ 97 74 22

99423 Weimar
Museum für Ur- und Frühgeschichte Thüringens
Humboldtstr. 11
Tel.: 03643/33 24
Fax: 03643/33 28

Weser-Ems-Region
Jungsteinzeitliche Megalithgräber

A-1010 Wien
Naturhistorisches Museum
Prähistorische Abteilung
Burgring 7
Tel.: 0043-1-52 17 70
Fax: 0043-1-52 17 72 81

38300 Wolfenbüttel
Braunschweigisches Landesmuseum
Abteilung Ur- und Frühgeschichte
Kanzleistr. 3
Tel.: 05331/270 71
Fax: 05331/294 97

Literatur und Medien I

Bücher und Zeitschriftenartikel

Altuna, Jesus: *Ekain und Altxerri bei San Sebastian. Zwei altsteinzeitliche Bilderhöhlen im spanischen Baskenland*, Sigmaringen: Thorbecke, Neuauflage 1996

Archäologie in Deutschland 2/1994 (Schwerpunktthema: Urmenschen), S. 16–33

Chauvet, Jean-Marie/Brunel-Deschamps, Eliette/ Hillaire, Christian: *Grotte Chauvet bei Vallon-Pont-d'Arc. Altsteinzeitliche Höhlenkunst im Tal der Ardèche*, Sigmaringen: Thorbecke, 3. aktualisierte Aufl. 1995

Clottes, Jean/Courtin, Jean: *Grotte Cosquer bei Marseille. Eine im Meer versunkene Bilderhöhle*, Sigmaringen: Thorbecke 1995

Clottes, Jean: *Niaux. Die altsteinzeitlichen Bilderhöhlen in der Ariège und ihre neu entdeckten Malereien*, Sigmaringen: Thorbecke 1995

Esser, Rolf: *Urige Zeiten. Ein Streifzug durch die Vorgeschichte der Menschheit*, Mülheim: Verlag an der Ruhr 1993

Hall, Lucy: Tolle Ideen – Geschichte für Kinder, Mülheim: Verlag an der Ruhr 1993

Herrmann, Joachim: *Die Menschwerdung. Zum Ursprung des Menschen und der menschlichen Gesellschaft*, Berlin: Dietz Verlag, 4. Aufl. 1988

Jelínek, Jan: *Das große Bilderlexikon des Menschen in der Vorzeit*, Gütersloh: Bertelsmann Lexikon-Verlag 1973

Johanson, Donald/Edey, Maitland E.: *Lucy. Die Anfänge der Menschheit*, München: R. Piper & Co Verlag 1982

Johanson, Donald/Shreeve, James: Lucy's Kind. Auf der Suche nach den ersten Menschen, München: R. Piper & Co Verlag 1990

Korn, Dieter: *„Starker Bär, dumme Ziege. Jagd- und Haustiere in der Steinzeit“*, in: Spurensuche Geschichte I, Stuttgart: Klett Verlag

Linke, Michael/Tatz, Jürgen: *„Unterrichtsvorschlag 1, Wolfgang Kuhn: Mit Jeans in die Steinzeit“*, in: Lesen in der Schule, München: dtv junior 8102, 2. Aufl. 1992

Lorblanchet, Michel: *Höhlenmalerei. Ein Handbuch*, Sigmaringen: Torbecke 1996

Meister, Martin: *„30.000 Jahre vor Picasso. Wie der Mensch zum Maler wurde“*, in: GEO 6/97, S. 10–41

Prideaux, Tom: *Der Cro-Magnon-Mensch*, Time-Life International 1973

P.M. Perspektive: *Das Wunder der Evolution*. Themenheft 1996

Thews, Klaus: *„Die Softies der Eiszeit“*, in: stern 24/1996, S. 54 ff.

Wendt, Herbert: *Der Affe steht auf. Eine Bilddokumentation zur Vorgeschichte des Menschen*, Reinbek: Rowohlt 1971

Sonstige Materialien für den Unterricht

Brokemper, Peter: *Projekt Geschichte, Bd. 1: Vorgeschichte bis zum Mittelalter*, Mülheim: Verlag an der Ruhr 1993

Buch Aktiv Box: Steinzeitmenschen, München: ars edition 1997

Heitmann, Friedhelm: „Ur- und Frühgeschichte. Ein Quartettspiel“, in: *Die Würfel sind gefallen*, Mülheim: Verlag an der Ruhr 1994

Knoch, Peter (Hrsg.): *Spurensuche Geschichte - Anregungen für einen kreativen Geschichtsunterricht, Bd. 1: Von der Vorgeschichte zum Frühmittelalter*, Stuttgart: Klett Verlag 1990

„Steinzeitjagd. Lehrererzählung“, in: Ebeling/Birkenfeld, *Reise in die Vergangenheit, Bd. 1*, Braunschweig: Westermann 1987

Wertenbroich, Wolfgang: Steinzeit-Spiel. Leben in der Jungsteinzeit, in: *Lehrer Journal Sonderschulmagazin 6/1988*, S. 23–24

Zum Weiterlesen für Kinder und Jugendliche

Beyerlein, Gabriele/Lorenz, Herbert: *Die Sonne bleibt nicht stehen*, Würzburg: Arena Verlag 1988

Denzel, Justin: *Tao, der Höhlenmaler*, München: dtv 1992

HB-Bildatlas: *Höhlen in Deutschland*, Hamburg 1989

Lornsen, Dirk: *Rokal, der Steinzeitjäger*, Stuttgart: Klett Verlag

Petersen, Palle: *Tobias erlebt die Steinzeit*, Oberursel: Neuer Finken-Verlag 1994

Sonnleitner, Alois Th.: *„Die Höhlenkinder - Im Heimlichen Grund“*, München: dtv junior 70107, 6. Aufl. 1992 (Unterrichtsidee dazu in: *„Zum ersten Mal fand ich Lesen gut!“*, Mülheim: Verlag an der Ruhr 1993)

Was ist Was?: Die Eiszeit, Hamburg: Tessloff Verlag 1979

Was ist Was?: Höhlen, Hamburg: Tessloff Verlag 1989

Zitelmann, Arnulf: *Bis zum 13. Mond*, Weinheim: Beltz Verlag 1989

Filme, Videos und Diareihen

Die folgenden Materialien sind in Deutschland über die Landesmedienanstalten/Medienzentren zu erhalten. Die Signaturen hinter den Titeln sind die der Landesmedienanstalt Rheinland. In anderen Gebieten können die Signaturen variieren.

16-mm-Filme

Die Höhle von Lascaux
(32 2764, F 1976, 17 min)
Eindrücke aus der berühmten, 1940 entdeckten Bilderhöhle

Kunst und Magie auf Höhlenwänden: Die Wildpferdjäger
(32 44664, D 1970, 12 min)
Lebensweise der Steinzeitmenschen; Höhlenmalereien; Wildpferdjagd in Dioramaszenen

Späte Jungsteinzeit in Mitteleuropa (2 500 – 2 000 v. Chr.): Handwerker der Steinzeit, Teil 1 u. 2
(32 44551/32 44955, D 1972, 14 min/16 min)
Geräte- und Waffenherstellung der Menschen aus der Pfahlbau- und Großsteingräberzeit

Neandertaler und Höhlenbär
(32 44803, D 1972, 12 min)
Geräte, Werkzeuge, Wirtschafts- und Gesellschaftsform des Neandertalers

Literatur und Medien II

Streit um 16 Knochen
(32 44146, D 1966, 9 min)
Interpretationsversuche des Neandertaler-Fundes von 1856

Zielgerichtetes Handeln bei Menschenaffen: Intelligenzleistungen von Schimpansen
(32 44541, D 1981, 14 min)
Lernen durch Erfahrung und Nachahmung; Benutzung von Hilfsmitteln; Sozialverhalten von Schimpansen

Kein Tier ist dem Menschen ähnlicher ...: Einblicke in das Sozialverhalten einer Schimpansengruppe
(32 44542, D 1981, 14 min)

VHS-Videos

Es war einmal ... der Mensch: Ein Mensch aus Cro-Magnon/Das Alt-Ägypten
(42 51027, F, 56 min)
Zeichentrick: Jagdwaffen, Warentausch und Klimaeinflüsse bei den Cromagnonmenschen; Ackerbau und Hochkultur im alten Ägypten

Es war einmal ... der Mensch: Die Welt entsteht/Der Neandertaler
(42 51026, F, 56 min)
Zeichentrick: Entstehung der Welt; Evolution bis zum Neandertaler

„Löwenzahn": *Peters Reise in die Steinzeit*
(42 31147, D 1996, 30 min)
Peter Lustig versucht „wie die Steinzeitmenschen" zu leben; Bewunderung für deren spezifische Fähigkeiten

Feuer, Lehm und tote Hühner
(42 710, D 1986, 28 min)
Kindergruppe lebt „wie in der Steinzeit" und reflektiert über die Unterschiede zwischen damals und heute

Diareihen

Steinzeitliche Höhlenmalerei
(10 248, D 1953, 17 Dias)
Höhlenbilder vor allem aus Lascaux und Altamira

Wohnen in der Steinzeit
(10 47829, D 1984, 12 Dias)
Besonderheiten steinzeitlicher Baugruppen im Freilichtmuseum Gerlinghausen

Werkzeugherstellung in der Steinzeit
(10 47976, D 1984, 12 Dias)
Veranschaulichung hauptsächlich an fertigen Exponaten

Nomadismus: Der Mensch in der Sahara
(10 2921, D 1986, 12 Dias)
Klimaänderungen in der Steinzeit; Lebensweise der Nomaden bis heute

Zur Evolution des Menschen: 1. Arbeitstechniken
(10 2512, D 1977, 10 Dias)
Einführung in anthropologische Arbeitsweisen: relative Datierung, Rekonstruktion, Variabilität u.a.

Zur Evolution des Menschen: 2. Mensch und Affe
(10 2513, D 1977, 11 Dias)
Vergleich in Grafiken: Körperbau, Becken, Gehirnvolumen, Kiefer u.a.

Zur Evolution des Menschen: 3. Proconsul und Australopithecinae
(10 2514, D 1977, 10 Dias)
fossile Belege der Evolution des Menschen; Fundgebiet Ostafrika; Vergleichs-Grafiken

Zur Evolution des Menschen: 4. Archanthropinae und Paläanthropinae
(10 2515, D 1977, 10 Dias)
Skelettvergleiche zwischen Arch-, Palä- und Neanthropinen; Werkzeuge der Frühmenschen; Tierwelt des Pleistozän

Zur Evolution des Menschen: 5. Cro-Magnon-Mensch
(10 2516, D 1977, 12 Dias)
Schädel des Cromagnonmenschen; Höhlen- und Felszeichnungen

Herkunft und Entwicklung der Menschheit
(10 46298, D 1966, 13 Dias)
Stammbaum; Fundorte; Vertreter verschiedener Stufen der Evolution

Homo sapiens neanderthalensis: Der Fund aus dem Neandertal
(10 47862, D 1985, 24 Dias)
geographische Lage des Neandertals; der Fund von 1856; Karte der Fundplätze in Europa u.a.

Internetadressen zum Thema

Durch die Initiative „Schulen ans Netz" werden immer mehr weiterführende Schulen in Deutschland an das Internet angeschlossen. Dieses Medium lässt sich auch im Geschichtsunterricht nutzen. Leider ändern sich die Adressen im World-Wide-Web noch recht häufig, sodass sich die Adressen einiger der hier aufgeführten Empfehlungen vielleicht nicht mehr wiederfinden lassen. Aktualisieren Sie die Adressenliste dann einfach mit Hilfe einer der folgenden Suchmaschinen:

Yahoo Deutschland
www.yahoo.de

Aladin
www.abacho.de

Dino
www.dino-online.de

Achtung: Die meisten Texte sind von Erwachsenen für Erwachsene geschrieben, also für die SchülerInnen nicht ganz einfach!

Neanderthal Museum – mit Rundgang
www.neanderthal.de/

Die Höhle von Lascaux
www.culture.fr/culture/arcnat/lascaux/de
Die verschiedenen Höhlenabschnitte lassen sich durch Mausklick visualisieren.

Bad Buchau: Federseemuseum
www.federseemuseum.de
Eine gelungene Online-Präsentation des Museums am größtenteils verlandeten Federsee, der auf Grund der gut erhaltenen steinzeitlichen bis keltischen Funde und Befunde eine wichtige Informationsquelle für die Archäologie darstellt.

Steinzeithöhlen in Frankreich
www.culture.gouv.fr/culture/arcnat/chauvet/en/index.html
Informationen und Fotos zur französischen Steinzeithöhle in Chauvet-Pont-D'Arc in englischer, französischer und spanischer Sprache.

Oetzi, der Steinzeitmensch
www.archaeologiemuseum.it
Homepage des Südtiroler Achäologiemuseums mit virtuellem Rundgang und vielen Infos zum Oetzi.

Verlag an der Ruhr

Keiner darf zurückbleiben!

Lehren und Lernen optimieren
Unterrichtsvorbereitung, Unterrichtsmethoden, Klassenraumgestaltung
Alle Altersstufen, 144 S., 16 x 23 cm, Pb.
ISBN 3-86072-973-X
Best.-Nr. 2973
14,– € (D)/14,40 € (A)/24,50 CHF

Leistungstests als Lernhilfe
Tipps und Konzeptionsideen
Kl. 2–6, 172 S., 16 x 23 cm, Pb.
ISBN 3-86072-975-6
Best.-Nr. 2975
15,80 € (D)/16,25 € (A)/27,70 CHF

K.L.A.R. – Taschenbuch
Merkt doch keiner, wenn ich schwänze.
12–16 J., 97 S., 12 x 19 cm, Pb.
ISBN 3-8346-0036-9
Best.-Nr. 60036
5,– € (D)/5,15 € (A)/9,– CHF

K.L.A.R. – Literatur-Kartei
Merkt doch keiner, wenn ich schwänze.
Kl. 7–10, 65 S., A4, Papph.
ISBN 3-8346-0037-7
Best.-Nr. 60037
17,50 € (D)/18,– € (A)/30,70 CHF

Berufswahl: Das will ich – das kann ich – das mach ich
Lebensplanung spielerisch ausprobieren
12–21 J., 160 S., A4, Pb.
ISBN 3-8346-0026-1
Best.-Nr. 60026
19,– € (D)/19,50 € (A)/33,30 CHF

Basiskompetenzen für problemorientiertes Lernen
Ein systematisches Konzentrations- und Denktraining
11–16 J., 142 S., A4, Pb.
ISBN 3-86072-978-0
Best.-Nr. 2978
17,50 € (D)/18,– € (A)/30,70 CHF

K.L.A.R. – Literatur-Kartei
„Nathan der Weise"
Kl. 9–13, 95 S., A4, Papph.
ISBN 3-8346-0040-7
Best.-Nr. 60040
19,60 € (D)/20,15 € (A)/34,30 CHF

Arbeitsblätter Satzbau für die Sek I
Satzglieder, Satzarten und Satzgefüge
Kl. 5–10, 170 S., A4, Pb.
ISBN 3-8346-0024-5
Best.-Nr. 60024
23,– € (D)/23,65 € (A)/40,30 CHF

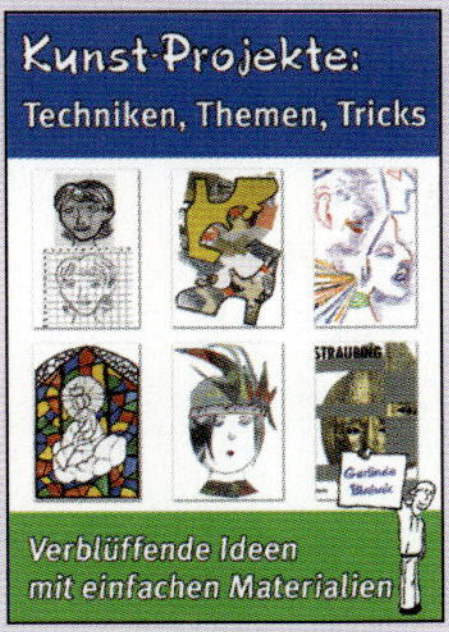

Kunst-Projekte: Techniken, Themen, Tricks
Verblüffende Ideen mit einfachen Materialien
Kl. 5–13, 84 S., A4, Papph.
(mit vierf. Abb.)
ISBN 3-8346-0038-5
Best.-Nr. 60038
18,60 € (D)/19,15 € (A)/32,60 CHF

Stricken im Unterricht
Kultiges, Dekoratives und Praktisches
Kl. 5–13, 75 S., A4, Papph.
(mit vierf. Abb.)
ISBN 3-86072-988-8
Best.-Nr. 2988
18,60 € (D)/19,15 € (A)/32,60 CHF

Mehr unter www.verlagruhr.de

Mit dem Finger über die Landkarte
Gradnetz – Orientierungshilfe und Ordnungsfaktor
Aufgaben und Projekte zum Umgang mit Atlas und Gradnetz
Kl. 5–7, 63 S., A4, Papph.
ISBN 3-86072-918-7
Best.-Nr. 2918
17,90 € (D)/18,40 € (A)/31,40 CHF

Gewusst wo! – Ein Quiz
Atlasarbeit spielerisch üben
Kl. 5–7, 128 S., Kartei-Karten, (A6-quer), inkl. Lehrerheft und Kartei-Box
ISBN 3-8346-0033-4
Best.-Nr. 60033
15,80 € (D)/16,25 € (A)/27,70 CHF

Verlag an der Ruhr • Postfach 10 22 51 • D–45422 Mülheim an der Ruhr
Tel.: 0208/49 50 40 • Fax: 0208/49 50 495 • E-Mail: info@verlagruhr.de • www.verlagruhr.de

Lösungen

Mit Jeans in die Steinzeit

Versuche immer erst, die Aufgabe selbst zu lösen.
Vergleiche dann dein Ergebnis mit den Lösungen und Lösungsvorschlägen in diesem Heft.

Lösungen und Lösungsvorschläge zu den Aufgaben von Kapitel 1: 1

1. Die richtigen Antworten sind:

a) ☒ Isabell
b) ☒ 13
c) ☒ Frankreich
d) ☒ Sommer

2. Die Eltern haben es von Paris **mit dem Auto** nach Bordeaux gebracht.

3.

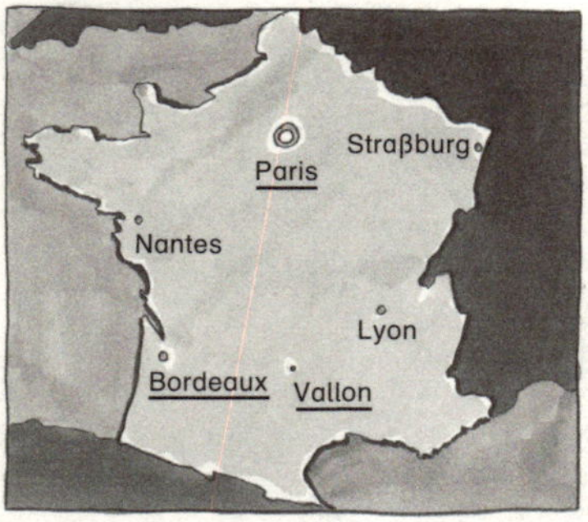

4. Die Hauptstadt von Frankreich ist **Paris.**

5. Diese Adjektive könntest du eingekreist haben:
mutig, stolz, erwachsen, glücklich, froh

6. Sofie ist Isabells **Kusine.** Das heißt, sie ist die **Tochter** von Isabells Tante und **Onkel.**

7. Sofie ist **13.** René ist **12.** Philipp ist **15.**

8. Hier können wir dir keinen Lösungsvorschlag machen.

9. – Was sinkt in der Eiszeit? **die Temperatur**
   – Was bildet sich auf dem Meer? **das Packeis**
   – Was dehnt sich im Gebirge aus? **die Gletscher**

10. So könntest du die Frage beantwortet haben:
    Vor 12 000 Jahren wohnten die Menschen in den tiefen Nischen der Felsen oder auch in Höhlen.

Lösungen und Lösungsvorschläge zu den Aufgaben von Kapitel 2: 2

1. Sicher hast du diese Sätze durchgestrichen:
   ~~Isabell fällt am Bahnhof aus dem Zug.~~
   ~~Sofie holt Isabell allein vom Bahnhof ab.~~
   ~~Die beiden Kusinen erkennen sich nicht wieder.~~
   ~~Die Kinder fahren mit einer Pferdekutsche.~~

2. **a)** Hier können wir dir keinen Lösungsvorschlag machen.

   b) und c)

„Wir waren vor zwei Wochen
auf der anderen Seite des **Flusses.**
Dort fand Sofie zwei **Pfeilspitzen**
und eine **Messerklinge.**“

Philipp

„Die Werkzeuge sind aus **Feuerstein.**
So etwas sieht man sonst nur
im **Museum.** Sie sind sicher
über zehntausend Jahre alt. Damals lebten
die so genannten **Steinzeitmenschen.**
Sie haben diese Werkzeuge **hergestellt.**“

Sofie

„In unserer Gegend werden immer
mal wieder einzelne Gegenstände
aus der **Steinzeit** entdeckt. Wenn aber
mehrere an einem Ort gefunden werden,
könnte auch eine **Höhle** aus dieser Zeit
in der Nähe sein.“

René

3. **a)** Hier können wir dir keinen Lösungsvorschlag machen.
   b) Sofie und ihre Brüder befürchten, dass die Eltern ihnen verbieten, nach der Höhle aus der Steinzeit zu suchen.

4. Hier können wir dir keinen Lösungsvorschlag machen.

5. Die Menschen in der Steinzeit ernährten sich vom **Fleisch** der wilden Tiere. Sie sammelten auch **Früchte** und **Beeren** zum Essen. Werkzeuge und Waffen stellten sie aus **Stein,** aus **Knochen** oder aus **Holz** her.

6. Hier können wir euch keinen Lösungsvorschlag machen.

Lösungen und Lösungsvorschläge zu den Aufgaben von Kapitel 3: 3

1. **a) und b)**
   Isabell begrüßt Onkel Marc.
   Onkel Marc nimmt erstaunt die Brille ab.
   Tara, die Hündin, wedelt mit dem Schwanz.
   René trägt den Koffer zum Haus.
   Philipp kümmert sich um den Esel.
   Tante Nicole ruft zum Abendessen.

2. Isabell schläft in **Sofies** Zimmer.

3. Sicher hast du die Zahl 4 farbig ausgemalt.

4. Die richtigen Antworten sind:
   Isabell soll …
   ☒ ihre Haare abschneiden.
   ☒ eine Jeans anziehen.
   ☒ das gleiche T-Shirt wie Sofie anziehen.

5. Hier können wir euch keinen Lösungsvorschlag machen.

6. Dicht neben dem **breiten** Fenster ist eine **lange** Leiter angebracht. Der **große** Garten hinter dem Haus erstreckt sich bis ans Flussufer. Eine **alte** Brücke führt über den Fluss. An dem **steilen** Hang am anderen Ufer stehen keine Häuser. Dort gibt es nur **riesige** Felsen und **grüne** Sträucher.

7. Hier können wir dir keinen Lösungsvorschlag machen.

Lösungen und Lösungsvorschläge zu den Aufgaben von Kapitel 4: 4

1. Onkel Marc ist in der **Apotheke.**
   René und Philipp sind mit Tante Nicole **zum Einkaufen** gefahren.

2. **a)** Hier können wir dir keinen Lösungsvorschlag machen.

   b)

   das Verbandszeug

   die Salbe

   das Pflaster

   der Hustensaft

3. zwei Pfeilspitzen eine Messerklinge

4. Sicher hast du diese Artikel vor den Nomen ergänzt:
   die Schaufel, **der** Rasenmäher,
   der Gartenschlauch, **der** Eimer

5. Hier können wir dir keinen Lösungsvorschlag machen.

6. Feuerstein ist ein besonders **hartes** Gestein.
   Stücke, die man davon abschlägt, sind sehr **scharfkantig.**
   Die Menschen stellten in der Steinzeit aus Feuerstein
   ihr **Werkzeug** her. Feuerstein war sehr wichtig und **wertvoll.**
   Es wurde sogar damit **gehandelt.**

Lösungen und Lösungsvorschläge zu den Aufgaben von Kapitel 5: 5

1. **a)** Hier können wir dir keinen Lösungsvorschlag machen.

   b) Liebe Sofie!
   René und ich müssen Mutter am Vormittag
   beim Einkaufen helfen. Deshalb können wir
   erst am Nachmittag die Höhle suchen.
   Wir treffen dich und Isabell nach dem Essen
   im Garten.
   Philipp

2. Die Kinder suchen die Höhle. Sie gehen **vom** Garten **über** die Brücke **zum** anderen Ufer. Dann gehen sie den schmalen Weg **am** Hang hinauf. Schließlich finden sie **unter** einem großen Strauch eine Öffnung **im** Boden.

3. Vergleiche deine Lösung mit den Lösungen deiner Mitschüler in der Klasse.

4. Isabell entdeckt eine Harpunenspitze.

5. Mit Harpunen wurden Tiere **gejagt.** Harpunen haben einen spitzen **Widerhaken.** Harpunen bleiben tief im **Fleisch** des gejagten Tieres stecken.

6. Sicher hast du diesen Satz farbig unterstrichen:

   Die Kinder sehen Fledermäuse zwischen Sträuchern hervorfliegen und finden dort den Eingang zur Höhle.

7. **a), b) und c)**
   Hier können wir euch keine Lösungsvorschläge machen.

8. Hier können wir dir keinen Lösungsvorschlag machen.

Lösungen und Lösungsvorschläge zu den Aufgaben von Kapitel 6: 6

1. Die Mädchen gehen ohne Abendessen auf ihr Zimmer. ☒ falsch
   Isabell klettert auf den Schrank. ☒ falsch
   Sofie klettert aus dem Fenster. ☒ richtig
   Sofie schleicht zum Schuppen. ☒ richtig
   Sofie holt einen Knochen für Tara. ☒ falsch
   Sofie besorgt Werkzeug. ☒ richtig
   Sofie versteckt das Werkzeug in ihrem Zimmer. ☒ falsch

2. Hier können wir euch keinen Lösungsvorschlag machen.

3. die Hacke die Schaufel das Seil
   die Kerzen die Streichhölzer

4. Hier können wir dir keinen Lösungsvorschlag machen.

5. **a)** Hier können wir dir keinen Lösungsvorschlag machen.

   b) Isabell entdeckt den **Schädel** eines Höhlenbären.

6. Hier können wir dir keinen Lösungsvorschlag machen.

7. Höhlenbären wurden bis zu zwei Meter groß.

Lösungen und Lösungsvorschläge zu den Aufgaben von Kapitel 7: 7

1. 

2. Sicher hast du diese Verben farbig unterstrichen:
   klettern, laufen, kriechen, gehen, robben, hindurchwaten

3. In dem breiten Gang der Höhle **laufen** sie nebeneinander.
   In dem niedrigen Gang **kriechen** die Kinder hintereinander vorwärts.
   Durch den schmalen Spalt in der Felswand **zwängen** sie sich in einen neuen Raum.
   Als nur wenig Platz zwischen Boden und Decke ist, **robben** die Kinder auf dem Bauch vorwärts.
   Durch den unterirdischen See wollen sie am nächsten Tag **waten.**

4. Hier können wir dir keinen Lösungsvorschlag machen.

5. Die richtigen Antworten sind:

   ☒ Die Bilder sind Höhlenmalereien.
   ☒ Oft sind Bilder von Tieren in den Höhlen.
   ☒ Die Bilder waren nicht als Schmuck für den Wohnplatz gedacht.
   ☒ Die Menschen erhofften sich durch die Bilder Erfolg bei der Jagd.

6. **a) und b)** Hier können wir dir keine Lösungsvorschläge machen.

c) 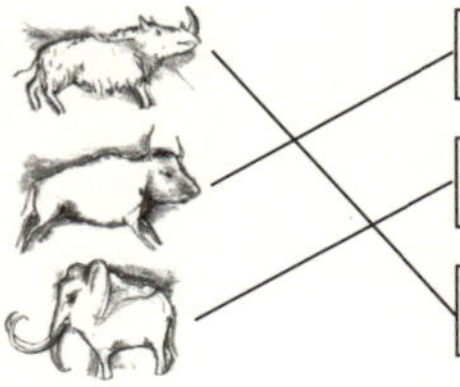

Der **Bison** …

Das **Mammut** …

Das **Wollnashorn** …

7. Hier können wir euch keinen Lösungsvorschlag machen.

8. a) Hier können wir dir keinen Lösungsvorschlag machen.
b) Vergleiche deine Lösung mit den Lösungen deiner Mitschüler in der Klasse.

Lösungen und Lösungsvorschläge zu den Aufgaben von Kapitel 8: 8

1. a) Hier können wir dir keinen Lösungsvorschlag machen.

b) Sofie schmiert **belegte Brote.**
Isabell wäscht **Obst.**
René füllt **eine Flasche mit Wasser.**
Philipp **packt alles in den Rucksack.**

2. Hier können wir dir keinen Lösungsvorschlag machen.

3. a) Hier können wir dir keinen Lösungsvorschlag machen.

b) Isabell **redet** Tara gut zu und **zieht** vorsichtig an der Leine.
Sofie hilft und **schiebt** die Hündin von hinten.

4. a) Ein halber Meter sind **50** Zentimeter.

b) Der See ist einen halben Meter, also **50** Zentimeter, tief.

5. a), b) und c)
Hier können wir euch keine Lösungsvorschläge machen.

6. a)  **b)** 

7. Die richtige Antwort ist: ☒ 3

8. **linker Gang** mittlerer Gang **rechter Gang**

Lösungen und Lösungsvorschläge zu den Aufgaben von Kapitel 9: 9

1. So könntest du die Fragen beantwortet haben:
   - Sofie und René
   - Philipp
   - Isabell und Tara

2. Vergleiche deine Lösung mit den Lösungen deiner Mitschüler in der Klasse.

3. Sicher hast du diese Sätze farbig unterstrichen:
   Philipp sucht Isabell.
   Sofie und René warten am Treffpunkt.

4. „Da unten führen zwei **Gänge** in verschiedene **Richtungen**. In jeden bin ich ein Stück weit **hineingelaufen.** Ich habe gerufen, bis mir der **Hals** wehtat. Aber ich habe keine **Spur** von Isabell entdeckt."

5. **Sofie:** „Isabell muss sich verirrt haben. Was ist, wenn sie kein Licht mehr hat?"
   René: „Zum Glück ist sie nicht allein und Tara ist bei ihr!"
   Sofie: „Wir müssen Isabell suchen!"
   René: „Und wenn wir uns dann auch noch verlaufen?"
   Philipp: „Wahrscheinlich hat sie längst einen Weg nach draußen gefunden und ist zum Haus zurückgegangen."

6. Hier können wir euch keinen Lösungsvorschlag machen.

Lösungen und Lösungsvorschläge zu den Aufgaben von Kapitel 10: 10

1. Die richtige Antwort ist:

   ☒ Sie wirft die Münze, um zu entscheiden, in welche Richtung sie gehen soll.

2. 

   linker Gang

   rechter Gang

3. Isabell **nimmt den linken Gang.**

4. Hier können wir dir keinen Lösungsvorschlag machen.

5. Diese Stichworte könntest du aufgeschrieben haben:
1. zum Schutz vor wilden Tieren
2. als Wohnplatz
3. als Lager für Vorräte
4. als Grabstätte für Tote

6. Sicher hast du diese Bilder angekreuzt: ☒  ☒ 

7. Diese Adjektive könntest du eingekreist haben:
ängstlich, allein, durstig, unglücklich, müde, hungrig, hilflos

8. Hier können wir euch keinen Lösungsvorschlag machen.

Lösungen und Lösungsvorschläge zu den Aufgaben von Kapitel 11: 11

1. Das könnte auf dem Zettel stehen:

Liebe **Kinder,**
wir sind bei **Freunden.** Es wird sicher spät.
Euer Essen steht auf dem **Tisch.**
Geht nicht so spät ins **Bett** und schlaft schön!
Papa und Mama

2. und 3. Hier können wir euch keine Lösungsvorschläge machen.

4. a) [3] Wir sind immer tiefer in die Höhle hineingegangen.
[2] Gestern sind wir mit Tara in die Höhle geklettert.
[1] Wir haben vor ein paar Tagen auf der anderen Seite des Flusses eine Höhle entdeckt.
[4] Plötzlich teilte sich der Gang.
[6] Isabell ist aber nicht zum Treffpunkt zurückgekommen.
[5] Dort haben wir uns getrennt. Sofie ist mit René gegangen, Philipp allein und Isabell mit Tara.

b) Wir haben vor ein paar Tagen auf der anderen Seite des Flusses eine Höhle entdeckt. Gestern sind wir mit Tara in die Höhle geklettert. Wir sind immer tiefer in die Höhle hineingegangen. Plötzlich teilte sich der Gang. Dort haben wir uns getrennt. Sofie ist mit René gegangen, Philipp allein und Isabell mit Tara. Isabell ist aber nicht zum Treffpunkt zurückgekommen.

5. a) Hier können wir dir keinen Lösungsvorschlag machen.

b) und c)

den Dorfpolizisten
Philipp holt ~~das Verbandszeug.~~

die Lampen
Der Dorfpolizist bringt ~~die Schaufel.~~

das Verbandszeug
Der Vater packt ~~den Dorfpolizisten~~ ein.

die Brote
Sofies Mutter schmiert ~~die Lampen.~~

die Schaufel
René bringt ~~die Brote.~~

d) Philipp holt den Dorfpolizisten. Der Dorfpolizist bringt die Lampen. Der Vater packt das Verbandszeug ein. Sofies Mutter schmiert die Brote. René bringt die Schaufel.

6. a) Hier können wir dir keinen Lösungsvorschlag machen.

b) Sicher hast du dieses Firmenschild farbig ausgemalt.

7. So könntest du die Frage beantwortet haben:
Der Wanderer hat ein tiefes Erdloch mitten auf dem Wanderweg entdeckt.

Lösungen und Lösungsvorschläge zu den Aufgaben von Kapitel 12: 12

1. Sicher hast du diesen Satz durchgestrichen:

~~Die Erde bewegt sich und die Öffnung verschwindet.~~

2. Die Retter hätten ein **Handy** mitnehmen sollen, um Verstärkung oder einen **Arzt** rufen zu können. Sie hätten die **Feuerwehr** verständigen sollen. Die Retter hätten **Schutzhelme** für alle mitnehmen sollen.

3. Falls der Eingang wieder verschüttet wird, kann Philipp **Hilfe holen.**

4. **a)** Hier können wir dir keinen Lösungsvorschlag machen.

   b) [4] „Ein Steinzeitgrab!“ René lief zu den Steinen. „Da, die Steine sind weggeräumt worden. Das war sicher Isabell.“

   [2] „Das ist eine Feuerstelle aus der Steinzeit. So etwas sieht man im Museum nur hinter Glas“, sagte der Wanderer. Er ließ seine Lampe langsam über den Boden und die Wände gleiten.

   [1] Sie kamen in einen runden Raum. Hier war der Boden ganz glatt und gar nicht steinig. „Seht mal!“, rief Sofie. Ihre Stimme zitterte. Sie zeigte in die Mitte des Raumes auf den Boden.

   [3] Plötzlich streifte das Licht das von Isabell geöffnete Steingrab. Der Totenschädel blitzte in der Dunkelheit auf.

   c) Sie kamen in einen runden Raum. Hier war der Boden ganz glatt und gar nicht steinig. „Seht mal!“, rief Sofie. Ihre Stimme zitterte. Sie zeigte in die Mitte des Raumes auf den Boden.
   „Das ist eine Feuerstelle aus der Steinzeit. So etwas sieht man im Museum nur hinter Glas“, sagte der Wanderer. Er ließ seine Lampe langsam über den Boden und die Wände gleiten.
   Plötzlich streifte das Licht das von Isabell geöffnete Steingrab. Der Totenschädel blitzte in der Dunkelheit auf.
   „Ein Steinzeitgrab!“ René lief zu den Steinen. „Da, die Steine sind weggeräumt worden. Das war sicher Isabell.“

5. Sicher hast du einen Pfeil in den Rahmen gemalt.

6. Sicher hast du dieses Nomen eingekreist:
das Winseln

7. Zuerst **winselt** sie. Dann **jault** sie. Schließlich **bellt** sie.

8. Hier können wir dir keinen Lösungsvorschlag machen.

9. Dieses Adjektiv könntest du ergänzt haben:
Isabell fühlt sich **glücklich.**

Lösungen und Lösungsvorschläge zu den Aufgaben von Kapitel 13: 13

1. Der **Wanderer** ging an der Spitze. **René** und sein **Vater** folgten ihm. Dahinter ritt **Isabell** auf dem Esel, den **Philipp** führte. Neben dem Esel liefen Sofie und Tara. Der Dorfpolizist, Herr **Oscar,** ging als Letzter hinter den anderen her.

2. der Bürgermeister,
die Feuerwehrmänner
und Sofies Mutter

3. ☒ aus dem Zug

4. **a) und b)** Hier können wir euch keine Lösungsvorschläge machen.

   c) Diese Antworten könntet ihr in eure Hefte geschrieben haben:
   - Wer war mit dir in der Höhle?
     Tara war mit mir in der Höhle.
   - Was zum Beispiel habt ihr in der Höhle entdeckt?
     Wir haben den Schädel eines Höhlenbären, Höhlenmalereien und einen unterirdischen See entdeckt.
   - Warum bist du ohne die anderen weitergegangen?
     Der Gang hat sich geteilt. Darum haben wir uns getrennt.
   - Wann wurdest du gerettet?
     Ich wurde gestern gerettet.
   - Hast du große Angst gehabt?
     Ja. Aber zum Glück war Tara bei mir.

5. **a), b), c) und d)**
Hier können wir euch keine Lösungsvorschläge machen.